KB232910

스마트
일본어 독해

유경자 · 안지연 · 추현휴 공저

제이앤씨
Publishing Company

스 마 트
일본어 독해

　본 교재의 목표는 **다양한 분야의 글을 체계적으로 이해하고, 핵심 요지를 파악 할** **수 있는 통합(統合)적인 독해력을 향상시키는 데** 있다.
　또한 키워드를 중심으로 하여 일본사회와 문화에 대한 이해를 돕는 내용으로 구성하였다.

　일반적으로 일본어 독해는 외국어라는 이유 때문에 학습자가 문장을 읽을 때 단어 하나하나와 문법적 요소에 치중하는 경향이 있다. 이러한 독해방법은 일본어를 공부하는 데 있어서 중요한 연습이기도 하지만 체계적으로 내용을 파악하는 데는 도움을 주지도 못하고, 글을 읽어도 결국에는 무엇을 말하고자 하는 가를 모르는 경우도 종종 있다.
　이 책은 이러한 트라우마를 극복하기 위해, 스마트한 독해연습과 주요 문법 및 어휘 학습에 중점을 두었다.
　이 책의 특징은 다음과 같다.

　첫째, 독해를 체계적으로 이해하기 위해서는 글의 내용을 <예측> <유추> <추론> 하면서 읽는 것이 중요하다. 이런 과정을 돕기 위해 본 교재는 **생각 해보기, 일본문화 키워드** 항목을 마련했다.

　둘째, 글의 대의를 정확하게 파악하기 위한 **독해연습**을 제시했다.

　셋째, **스마트 독해연습** 항목을 통하여 독해전략을 익힌다

　넷째, 학습자에게는 문법사항과 어휘학습도 중요하기 때문에 주요 **표현 익히기, 주요어휘** 항목으로 문법과 어휘를 익힌다.

　다섯째, **피드백** 항목에서는 학습한 내용을 최종적으로 확인하여 통합적인 독해력을 완성시킨다.

본 교재의 구성

이 책의 각 과는 다음과 같은 구성으로 되어 있다.

1부에서는 핵심키워드를 찾아 글의 내용을 파악하는데 중점을 두었고 2부에서는 글을 읽고 요점과 대의를 파악하는데 중점을 두었다.

또한 생각해보기와 일본문화 키워드 항목을 넣어 일본의 문화와 사정을 이해할 수 있도록 하였다.

1. 생각해보기

2. 일본문화 키워드

3. 본문 파악하기

4. 독해연습 해보기

5. 스마트 독해연습

6. 주요어휘 확인해보기

7. 표현 익히기

8. 피드백으로 마무리하기

목 차

제2부

제1과

メール

생각해보기

手紙<ruby>て</ruby><ruby>がみ</ruby>

メール

携帯電話<ruby>けいたいでんわ</ruby>

SNS(ソーシャルネットワークサービス)

ブログ

絵文字

メール友

1 あなたは相手と話し合いたいとき、どうしますか。

2 携帯メールではどんな話をしますか。

일본문화 키워드

ケータイ絵文字

　일본 휴대전화의 그림문자(이모티콘)는 '의미적' '기능적' '장식적' 3종류의 의미가 있다. 타 언어권에서는 그림문자를 문자처럼 사용하는 예는 좀처럼 찾아보기 힘들고 단지 장식기호 또는 부호로 밖에 사용하지 않는다. 이러한 현상은 일본문화의 특징으로 볼 수 있다.
　구글은 오랫동안 독자적인 문화로 발전한 일본 휴대전화 그림문자의 세계 표준화 작업에 힘썼다. 그 결과 2010년, 세계 공통 문자코드인 유니코드로 채택되었다. 이러한 변화는 일본의 독특한 그림문자가 컴퓨터 세계에까지 영향을 끼친 예라 할 수 있다.

(朝´∀｀) {♪Good Morning♪} (´∀｀朝)	おはよう
(○´∀｀○)从(○´∀｀○)ｵﾋｻ☆	ひさしぶり
(*ゝω･)ﾉ ｱﾘｶﾞﾄﾝ♪	ありがとう
(｡･人･｀｡))ｺﾞﾒﾝﾈ	ごめんなさい
おめでと~o(>∀<*)o	おめでとう

ケータイ小説

　휴대전화 소설은 휴대전화로 글을 쓰는 소설로 대부분의 작가는 일반인이며 여중고생 사이에 인기가 있다. 문예부분 베스트셀러의 절반을 차지할 정도로 많은 인기를 얻고 있다. 문자메시지처럼 문자를 입력하기 위해 본문이 가로쓰기로 되어있고 한 문장의 길이가 짧으며 대화체가 많다. 또한 絵文字(이모티콘)이나 ギャル文字(여학생문자)가 많은 것도 특징이다. 주로 연애소설이 많고 성적, 폭력적 표현도 많이 보인다. 휴대전화 소설을 대상으로 한 문학상도 생길 정도로 인기가 많다.

□ 絵文字　　　이모티콘
□ ギャル文字　일본 여중고생 사이에 쓰는 문자

본문 파악하기

メール

　携帯電話やインターネットのメールにより、若者の人づき合いは決定的に変わった。知人のひとりが電車に乗っていたところ、目の前に座っている若い女性がメールを打ったり受け取ったりするのに夢中になっていた。それだけならめずらしくもないのだが、彼女はそのときの一連のメールで何か重要なやり取りをしていたらしく、はじめは真剣な顔をしていたのが途中で泣きそうになり、そのあとで輝くような笑顔に変わっていったという。そのように携帯やインターネットのメールがあれば、若者は手もとのちょっとした操作でそこに目の前の現実よりも重要でリアルな世界を出現させて、文字通りそこに"行ってしまう[1]"ことができる。

　では、メールの普及によって、若者にとっては現実などどうでもいいものになってしまったのだろうか。どうもそれは違うようだ。若者と話していると重要な話題にさしかかったときに、「じゃ、あとはメールで」と言われることがある。これには、「相手の顔を見ながら大切なことを決めるのは気が重いので、気楽なメールで」という場合もあるだろう[2]。しかし、それ以上に、「大切なことなのだから、モニターの中の文字にして送信する、というカタチで示してほしい」という意味もあるようだ[3]。

とはいえ[4]、メールが若者にとっていくら信頼できるカタチだとしても、まだまだそれは完全には社会的に認知されていないものであるし、システムの隙間をついた犯罪なども生まれる余地のある不確かなメディアであることには変わりない。「メールは最強のカタチ」と信用しきっている若者に「いや、メールはバーチャルなものでしかない」と否定的なことを言っても、おそらくはまったく相手にしてもらえないだろう。

『若者の法則』より

독해연습 해보기

1 본문 파악하기의 내용과 일치하는 것에 O를, 다른 것에 X를 표시하세요.

① 書き手の知人は電車の中で若い女性がメールで何か重要なやり取りする
姿を見て、現実より重要だと思った。 ………………………………………… (　　　)

② 若者と話していると重要な話題にさしかかった時に、「じゃ、あとはメール
で」と言われることがある。 ……………………………………………………… (　　　)

③ メールは完全には社会的に認知されていないものではあるが、はっきりした
カタチで残るので確かなメディアである。 ……………………………………… (　　　)

④ メールの普及によって、若者にとって現実はどうでもいいものになってしまっ
たのではないようだ。 …………………………………………………………… (　　　)

⑤ 大人はメールを信頼している若者に「不確かなメディアであること」をわかっ
てもらいたいものだ。 …………………………………………………………… (　　　)

2 본문 파악하기를 읽고 밑줄에 적당한 말을 쓰세요.

① 若者は＿＿＿＿＿＿＿＿＿＿＿＿＿＿＿＿があれば、目の前の現実よりも重要でリアルな
世界を出現させることができる。

② 若者が重要な話題にさしかかったときにメールを使うのは、大切なことだと思っ
て＿＿＿＿＿＿＿＿＿＿＿＿＿という意味もある。

③ メールは若者にとって非常に信頼できるカタチだが、まだ社会的に認知されて
いない＿＿＿＿＿＿＿＿＿＿＿＿＿＿＿＿＿＿＿＿であることには変わりない。

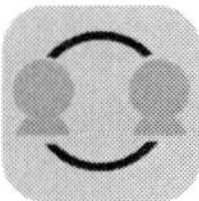

스마트 독해연습

본문 파악하기를 읽고, 키워드를 아래의 보기에서 골라 쓰세요.

____

____

> **보기**
>
> 電車　　メール　　笑顔　　若者　　モニター　　カタチ
>
> 不確かなメディア　　犯罪　　信頼　　女性

주요어휘 확인해보기

☐ ☐　**インターネット**(internet) : 인터넷

☐ ☐　**メール**(mail) : 메일

☐ ☐　**若者**(わかもの) : 젊은이, 청년

☐ ☐　**人づき合い** : 교제, 사교성 **つき合い**는 (교제, 사귐, 친분)

☐ ☐　**知人**(ちじん) : 지인, 친지

☐ ☐　**受**(う)け**取**(と)る : 받다, 수취하다

☐ ☐　**夢中**(むちゅう) : 열중함, 몰두함, 꿈속

☐ ☐　**一連**(いちれん) : 일련

□ □ **やり取(と)り** : 주고 받음

□ □ **真剣(しんけん)** : 진정임, 진지함

□ □ **途中(とちゅう)** : 도중

□ □ **輝(かがや)く** : 빛나다, 반짝이다

□ □ **操作(そうさ)** : 조작

□ □ **普及(ふきゅう)** : 보급

□ □ **現実(げんじつ)** : 현실

□ □ **出現(しゅつげん)** : 출현

□ □ **話題(わだい)** : 화제

□ □ **気楽(きらく)** : 속 편함, 홀가분함

□ □ **信頼(しんらい)** : 신뢰

□ □ **認知(にんち)** : 인지

□ □ **隙間(すきま)** : 빈 틈

□ □ **犯罪(はんざい)** : 범죄

□ □ **余地(よち)** : 여지

□ □ **不確(ふたし)か** : 불확실함, 애매함

□ □ **メディア(media)** : 미디어

□ □ **最強(さいきょう)** : 최강

□ □ **信用(しんよう)** : 신용

□ □ **バーチャル(virtual)** : 가상

□ □ **まったく** : 정말로, 완전히, 〈부정어와 함께 쓰이어〉 전혀

표현 익히기

---

1) ~てしまう (~해 버리다 / ~하게 되다)
> ➡ 동사의 「て형」에 붙어 완료와 후회, 유감을 나타낼 때 쓰인다.

❀ 若者は手もとのちょっとした操作でそこに目の前の現実よりも重要でリアルな世界を出現させて、文字通りそこに"行っ**てしまう**"ことができる。

① うれしさのあまり、つい大声（おおごえ）を出して、ほかの人をびっくりさせ**てしまった**。

② 食べ過ぎると腹（はら）いっぱいで眠（ねむ）くなっ**てしまう**。

③ きのう買ったばかりのデジカメがもう壊（こわ）れ**てしまった**。

④ 電車に乗ろうとして走ったのに＿＿＿＿＿＿＿＿＿＿＿＿＿＿＿＿＿＿＿＿＿。

---

2) ~だろう (~일 것이다 / ~겠지)
> ➡ 추량을 나타내며 부사「たぶん」「きっと」와 함께 쓰인다.

❀ これには、「相手の顔を見ながら大切なことを決めるのは気が重いので、気楽なメールで」という場合もある**だろう**。

① 今度の入試（にゅうし）では一生懸命（いっしょうけんめい）勉強したから、たぶん合格（ごうかく）する**だろう**。

② もしあの飛行機に乗っていたら、今ごろは死んでいた**だろう**。

③ いったいなぜ、こんなことが起きてしまったの**だろう**。

④ この辺は木も多いし、たぶん＿＿＿＿＿＿＿＿＿＿＿＿＿＿＿＿＿＿＿＿＿。

3) ~ようだ (~인 것 같다 / ~인 듯하다)
➡ 추측 또는 확실하게 단정짓는 것을 피해 겸손하게 말할 때 쓰인다.

❀ それ以上に、「大切なことなのだから、モニターの中の文字にして送信する、という形で示してほしい」という意味もある**ようだ**。

① どうも昨日雨に降られて風邪をひいてしまった**ようだ**。

② 竹内さんはゆうべ会社で徹夜して家に帰らなかった**ようだ**。

③ ざっと見たところ、最低3000人は集まっている**ようだ**。

④ 学生が集まっている。キャンパスでは＿＿＿＿＿＿＿＿＿＿＿＿＿＿＿＿＿＿＿。

4) ~とはいえ (~라 하더라도/~라고는 하나)
➡ 예상되는 결과와 어긋날 때 쓰인다.

❀ **とはいえ**、メールが若者にとっていくら信頼できるカタチだとしても、まだまだそれは完全には社会的に認知されていないものである。

① 父の病状は回復にむかっている。**とはいえ**、まだ完全に安心するわけにはいかない。

② 試験に合格するため努力した**とはいえ**、最後は神頼みをしたくなるものだ。

③ 男女平等の世の中**とはいえ**、職場ではまだ差別が残っている。

④ ＿＿＿＿＿＿＿＿＿＿＿＿＿＿＿＿＿＿＿＿働かないで暮らせるわけではない。

 ## 피드백으로 마무리하기

 ## 핵심표현 피드백 하기

밑줄 친 부분의 한국어에 해당하는 일본어를 쓰세요.

1 文字通りそこに＿＿＿＿＿＿＿＿＿＿＿＿ことができる。

▮ 문자 대로 그곳(그 세계)으로 가 버릴 수 있다.

2 これには、「···気が重いので気楽なメールで」という場合も＿＿＿＿＿＿

＿＿＿＿＿。

▮ 여기에는 '마음이 무겁기 때문에, 홀가분하게 메일로'라는 경우도 있을 것이
다.

3 「文字にして送信する、というカタチで示してほしい」という意味も＿＿＿＿

＿＿＿＿＿。

▮ '문자로 보낸다고 하는 형태로 표시해 주었으면 한다'는 뜻도 있는 것 같다.

4 ＿＿＿＿＿＿＿＿＿＿、まだまだそれは完全には社会的に認知されていないも
のである。

▮ 그렇기는 하지만 아직 그것은 완전하게 사회적으로 인지된 것은 아니다.

핵심단어 피드백 하기

다음 한자 읽는 방법(히라가나)과 그 뜻(한국어)을 쓰세요.

단어	히라가나	뜻
1. 知人		
2. 若者		
3. 真剣		
4. 途中		
5. 操作		
6. 出現		
7. 信頼		
8. 認知		
9. 余地		
10. 最強		

제 2 과

うどんとそば

생각해보기

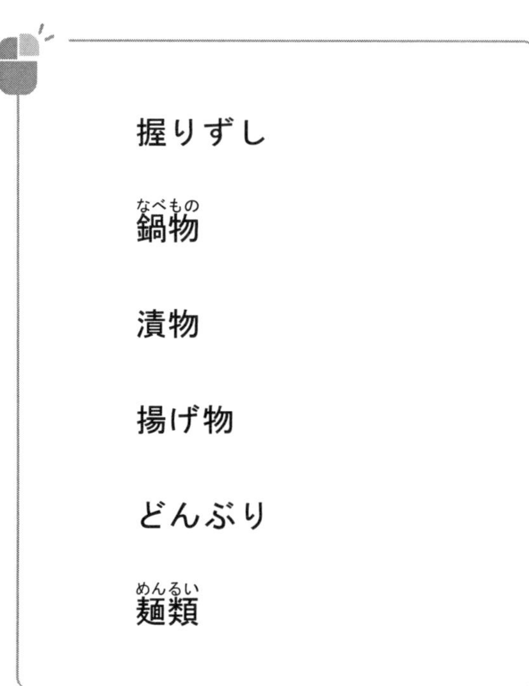

1 日本人に好まれる食べ物について話し合ってみましょう。

2 あなたのくにではどんな食べ物が好まれますか。

일본문화 키워드

うどん県(香川県)

　시코쿠지방(四国地方)의 가가와현(香川県 : 사누키는 가가와의 옛이름)은 예전부터 질 좋은 밀가루, 말린 멸치, 소금, 간장 등을 쉽게 구할 수 있어 사누키우동의 본고장으로 자리를 굳혀 왔다. 가가와 현민 1인당 연간 우동소비량은 230그릇으로 일본 전국에서 1위를 차지할 정도이다. 섣달그믐에는 도시코시소바(年越しそば)대신 우동을 먹는 경우가 많다고 한다.

　예로부터 이 지역에서는 7월 2일 무렵 사누키우동을 먹는 풍습이 있어 사누키우동조합은 매년 7월을 사누키우동의 날로 지정하였다.

　또한 가가와현 관광협회는 2011년 10월 가가와의 특산품인 우동을 어필하는 특별 사이트를 오픈하였다. 가가와현 출신 배우인 가나메 준(要潤)과 유명 연예인 등이 출연하여 현 이름을 우동현으로 개명한다는 홍보영상을 공개하였다. 한때 사이트 접속이 폭주하여 서버가 다운될 정도로 인터넷을 중심으로 뜨거운 반응을 불러일으키기도 하였다.

　이 현에서는 우동을 활용한 다양한 관광상품을 개발하고 있다. 그 가운데 '우동버스, 우동택시'와 같은 전용 교통수단을 이용한 유명 우동가게를 돌아보는 코스도 있다.

다음과 같은 다양한 우동상품도 개발되고 있다.

우동빙수	かき氷うどん
우동 아이스크림	うどんアイス
사누키우동 햄버거	さぬきうどんバーガー
우동쿠키	うどんクッキー
사누키우동맛 사탕	さぬきうどん風ドロップス

본문 파악하기

うどんとそば

　麺類では、関東はそば、関西はうどんが好まれる傾向があるようだ。そして、この好みの差には、それぞれの食文化の長い歴史が横たわっているといえる。

　もともと、そばは関西で始まったものらしい。ところが、関東一円から信州、甲州など、そばの産地が近くに多かったことから、関西よりも関東でそばが発達することになったと考えられる。

　また、関西に比べ¹⁾農業生産性が低かった関東で、米より悪条件でも育つそばは安価だから米には手が出ない庶民にも食べられたという事情もあったようだ。

　いずれにしても²⁾、都市としての江戸の発展とともに、そば文化は完成されていく。

　とくに大きかったのは、濃い醤油味の「つゆ」との出会い。落語で、そば好きが臨終の際に「一度でいいから、たっぷりつゆをつけて食べたかった」というように、塩辛いつゆにちょっぴりそばをつけて食べるというのが、江戸のそばの作法となったのだ。

ところで3)、どうしてそんなつゆと食べ方が一般的になったのか。

理由はいくつか考えられる。一つは、下総(現在の千葉県)の野田で、醤油醸造業が盛んになったこと。

二つめに、江戸幕府が開かれた頃の江戸は関西に比べ田舎で、武士たちといえども4)ふだんは農業にいそしんでいたように、肉体労働者が多かったこと。激しい肉体労働をする人々は多くの塩分を必要とするから、濃い口のつゆができた。

三つめは、当時の江戸には女性人口がすくなかったこと。武家屋敷は男社会、料理も手のかからないものになりがち。

一方、関西のうどんは、都会的な洗練の結果といえそうだ。まず、関東に比べ原料の小麦粉が豊富だったこと。そして、近くの瀬戸内などから運ばれて来る鮮度の高いカツオ節や、海運が発達して蝦夷地(北海道)から直接持って来られるようになった昆布を使って、だしづくりの技術が進んだことが、うどん文化を深めることになった。

「「関東」と「関西」こんなに違う事典」より

독해연습 해보기

1 본문 파악하기의 내용과 일치하는 것에 O를, 다른 것에 X를 표시하세요.

① 麺類では、関東はうどん関西はそばが好まれているようだ。 ……………… (　　)

② 関西でうどん文化が深まった背景には、だしづくりの技術が進んだことも
　 ある。 ………………………………………………………………………… (　　)

③ 関東でそばが発達するようになったのは歴史的な理由だけだといえる。 (　　)

④ 江戸幕府は女性人口が多かったので、濃い口のつゆができた。 ……(　　)

⑤ 小麦粉は安いので関東の庶民も食べられたようだ。 ………………………… (　　)

2 본문 파악하기를 읽고 밑줄에 적당한 말을 쓰세요.

① そばは関西で始まったが、関東の＿＿＿＿＿＿＿＿＿＿＿＿＿＿＿＿＿＿ので関西よりも
　 関東でそばが発達することになったと考えられる。

② 江戸幕府が開かれた頃の江戸は田舎で、多くの塩分を必要とする＿＿＿＿＿＿
　 ＿＿＿＿＿＿＿＿＿ので、濃い醤油味の「つゆ」ができた。

③ 関西では小麦粉が豊富だったことと、＿＿＿＿＿＿＿＿＿＿＿＿＿＿＿＿＿
　 ＿＿＿＿＿＿ことがうどん文化を深める要因となった。

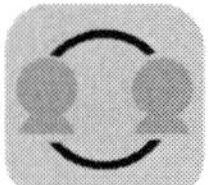 # 스마트 독해연습

본문 파악하기를 읽고, 키워드를 아래의 보기에서 골라 쓰세요.

____

____

> **보기**
>
> | 麺類 | 好みの差 | うどん | 落語 | 関東 |
> |---|---|---|---|---|
> | 料理 | そば | 技術 | 女性 | 関西 |

 # 주요어휘 확인해보기

☐ ☐ **関東(かんとう)** : 간토/관동, **本州(ほんしゅう)**의 **関東**평야의 주요부를 차지하는 지방

☐ ☐ **関西(かんさい)** : 간사이/관서, 현재의 **京都(きょうと)**, **大阪(おおさか)**를 중심으로
　　　　　한 지방

☐ ☐ **好(この)む** : 좋아하다, 흥미를 가지다

☐ ☐ **傾向(けいこう)** : 경향

☐ ☐ **食文化(しょくぶんか)** : 식생활 문화

☐ ☐ **横(よこ)たわる** : 눕다, 가로 놓이다

☐ ☐ **一円(いちえん)** : 전체, 일대

□ □ 　**信州**(しんしゅう) : 〈지명〉 지금의 **長野**(ながの)현

□ □ 　**甲州**(こうしゅう) : 〈지명〉 지금의 **山梨**(やまなし)현

□ □ 　**発達** (はったつ) : 발달

□ □ 　**生産**(せいさん) : 생산

□ □ 　**農業**(のうぎょう) : 농업

□ □ 　**安価**(あんか) : 염가, 싼 값

□ □ 　**庶民**(しょみん) : 서민

□ □ 　**事情**(じじょう) : 사정

□ □ 　**江戸**(えど) : 〈지명〉 **東京**의 옛 이름

□ □ 　**発展**(はってん) : 발전

□ □ 　**完成**(かんせい) : 완성

□ □ 　**江戸幕府**(えどばくふ) : 〈역사〉 에도막부, **徳川家康**(とくがわいえやす)가 1603년
江戸에서 시작한 막부

□ □ 　**いそしむ** : 부지런히 힘쓰다, 열심히 노력하다

□ □ 　**肉体労働**(にくたいろうどう) : 육체노동

□ □ 　**武家屋敷**(ぶけやしき) : 무가저택

□ □ 　**都会的**(とかいてき) : 도회적, 도시적

□ □ 　**原料**(げんりょう) : 원료

□ □ 　**瀬戸内**(せとうち) : **瀬戸内海**(せとないかい)및 그 연안지방

□ □ 　**海運**(かいうん) : 해운

□ □ 　**進**(すす)**む** : 나아가다, 진보하다, 발달하다

□ □ 　**深**(ふか)**める** : 깊게 하다

표현 익히기

1) ~に比べ　(~에 비해)

➡ 둘이상의 것을 비교하여 서술할 때 쓰인다.

❀ また、関西に比べ農業生産性が低かった関東で、米より悪条件でも育つそばは
安価だから米には手が出ない庶民にも食べられたという事情もあったようだ。

① 今年の冬は例年に比べて雪が多い。

② 今年は雪解けが早く、例年に比べてお花の開花も早い。

③ 日本は他の国に比べて料理番組も多ければ、料理人、料理研究家も多い。

④ ＿＿＿＿＿＿＿＿＿＿＿＿＿＿＿＿＿＿＿＿＿＿＿＿平均寿命が長い。

2) いずれにしても　(어찌됐든, 어차피)

➡ 어느 것을 선택하더라도 여하튼 이라는 뜻으로 쓰인다.

❀ いずれにしても、都市としての江戸の発展とともに、そば文化は完成されていく。

① いずれにしても、問題が生じた時は原因を究明してから対応策を講じるべきである。

② 彼がずっと家に閉じこもっている理由はわからないが、いずれにしてもこのまま
放っておくわけにはいかない。

③ やりたい仕事はいろいろあるが、いずれにしても希望する会社に就職できるかど
うか心配である。

④ 行くか行かないか、＿＿＿＿＿＿＿＿＿＿＿＿＿＿＿＿＿＿＿＿＿＿。

3) ところで (그런데, 그건 그렇고 참)

➡ 화제를 바꿀 때 쓰인다.

❀ <u>ところで</u>、どうしてそんなつゆと食べ方が一般的になったのか。

① ご家族のみなさんはお元気ですか。**ところで**、期末テストが9月18日になったらしいですね。

② 今日の授業はこれまでです。**ところで**、安部君を最近見かけませんが、どうしているか知っている人いますか。

③ **ところで**、この度は息子さんが大手企業に就職なさったそうで、おめでとうございます。

④ やっと夏休みだね。______________________________________。

4) ～といえども (비록 ～라고 하더라도)

➡ 특별한 예를 제시하여 '～지만 그래도' 라는 뜻으로 쓰인다.

❀ 二つめに、江戸幕府が開かれた頃の江戸は関西に比べ田舎で、武士たちと<u>いえども</u>ふだんは農業にいそしんでいたように、肉体労働者が多かったこと。

① スポーツマンの高橋さん**といえども**、インフルエンザには勝てなかったらしい。

② 中小企業**といえども**、グローバルな視野で販路開拓しなければ生き残れない。

③ 学生新聞**といえども**、新聞を作るには最低限10~15人は必要である。

④ ____________________________________残暑が続いている。

피드백으로 마무리하기

핵심표현 피드백 하기

밑줄 친 부분의 한국어에 해당하는 일본어를 쓰세요.

1 関東は関西＿＿＿＿＿＿＿＿＿＿農業生産性が低かった。

┃ 관동은 관서에 비해 농업생산성이 낮았다.

2 ＿＿＿＿＿＿＿＿＿＿、都市としての江戸の発展とともに、そば文化は完成さ
れていく。

┃ 어찌됐든, 도시로서 에도의 발전과 함께, 메밀문화는 완성되어 간다.

3 ＿＿＿＿＿＿＿＿＿＿、どうしてそんなつゆと食べ方が一般的になったのか。

┃ 그런데　어떻게 그런 쓰유와 먹는 법이 일반적이 되었을까?

4 武士たち＿＿＿＿＿＿＿ふだんは農業にいそしんでいたように、肉体労働者
が多かった。

┃ 무사들이라고는 하지만, 평상시에는 농업에 힘쓰고 있었던 것처럼, 육체노동
　자가 많았다.

핵심단어 피드백 하기

다음 한자 읽는 방법(히라가나)과 그 뜻(한국어)을 쓰세요.

단어	히라가나	뜻
1. 傾向		
2. 発達		
3. 安価		
4. 事情		
5. 発展		
6. 労働		
7. 原料		
8. 都会的		
9. 完成		
10. 海運		

おくりもの

 **생각해보기**

メッセージ

コミュニケーション

好意の表し

感謝の気持ち

お礼

祝い

謝り

❶ 日本ではどんなときに贈り物をしますか。

❷ あなたにとって贈り物はどんな意味を持っていますか。

일본문화 키워드

お中元とお歳暮

일본에서는 전통적으로 신세 진 사람들에게 감사의 선물을 보내는 풍습이 있다. 연중행사의 하나로 7월에는 오츄겐(お中元)을 연말에는 오세이보(お歳暮)를 보낸다. 보통은 손윗사람이나 신세를 진 사람에게 준다. 또한 결혼중매인, 선생님, 회사동료, 상사, 거래처 등에 원활한 인간관계를 위해 보내는 사람이 많다. 자신의 수입과 상대방의 관계를 고려하여 보통 3천 엔~만 엔 정도의 물건을 보내고, 답례를 하는 것이 예의이며 대부분은 받은 선물 액수의 절반 정도의 물건을 보내는 것이 관례이다.

선물은 알코올 음료, 커피, 햄, 소시지 등의 식품이 많고 어패류나 쇠고기 등 신선식품도 많이 이용된다. 세제나 비누, 생필품을 보내는 경우도 일반적이다. 상대방이 상품을 직접 선택할 수 있도록 상품권이나 교환권을 보내는 경우도 있다.

*** 주의사항**

다음과 같은 선물은 피하는 것이 좋다

- 축하나 병문안 : 　　숫자 4, 9, 13, 낡은 지폐, 국화 꽃
- 병문안 : 　　화분에 심은 꽃, 동백꽃
- 결혼 : 　　거울 등 깨지는 물건
　　　　　　　「別れる」「切れる」「離れる」「終わる」「戻る」「壊れる」 등의 표현
　　　　　　　「またまた」「たびたび」 등 반복되는 표현
- お中元・お歳暮 : 　현금
- 장례식 : 　　붉은 꽃, 신권지폐
　　　　　　　「またまた」「たびたび」 등 반복되는 표현
- 기타 : 　　붉은 글씨로 쓴 편지

본문 파악하기

おくりもの

　今の若者はちょっとした贈り物が好きだ。このことが世の中でクローズ・アップされ始めたごろ、よくこんな分析が雑誌などに載っていた。「今の子どもや若者の親は、高度成長期を通して豊かな生活がそれなりに身についている。だから、自分の子どもにも実用だけではなく“趣味のよいもの”を与えてきた。だから、友だちどうしでもあまり理由がなくても、ちょっとした贈り物を贈り合うのだ」。

　たしかに大人たちが送り合うものには、中元や歳暮から賄賂まで、「こうやって感謝していますよ」「よろしく便宜を取り計らってください」など、はっきりとしたメッセージや目的がこめられている場合が多い。それに比べて、若者は「はい、これ」ととうとつに差し出す贈り物には、意味や動機が見えにくい¹⁾ことも多い。プリクラやシールになると²⁾、「もらったからあげた」と、交換すること自体が目的になっていることさえある。

　つまり若者にとって贈り物はコミュニケーションのようでいて、実は正しいメッセージは伝達されていない。ただ、相手に対して[3]も「いい人だな」といった漠然とした好意の感情が生まれる。若者が頻繁に贈り合う日常のちょっとした贈り物とは、そういう"なんとなく好き、の空気"を増殖させるためのものだと思う。

　彼らからちょっとした贈り物を受け取った場合は、「その真意は？」と考えこまずに気軽に受け取り、何かの機会があれば、またちょっとした贈り物をわたしてあげるとよいだろう。しかし、大人には「何も意味をこめないでものを送ること」は、きわめて難しい。だとすれば、下手に「これ、ちょっとしたもの」などと思い入れたっぷりの贈り物を返して警戒されるよりは、「お、ありがとう」とことばと笑顔だけにとどめておく方が、まだ安全かもしれない[4]。

『若者の法則』より

독해연습 해보기

1　본문 파악하기의 내용과 일치하는 것에 O를, 다른 것에 X를 표시하세요.

①　今の若者は高い贈り物が好きだ。 ……………………………………… (　　)

②　若者の贈り物にははっきりとしたメッセージや目的が込められている。 (　　)

③　今の若者は贈り物として実用的なものより趣味のよいものを好んでいる。
　　……………………………………………………………………………… (　　)

④　大人は贈り物を受け取った場合、真意を考え込む。 ……………………… (　　)

⑤　今の若者は友だちどうしでもあまり理由がなくても、ちょっとした贈り物を
　　贈り合う。 ………………………………………………………………… (　　)

2　본문 파악하기를 읽고 밑줄에 적당한 말을 쓰세요.

①　若者にとって贈り物は＿＿＿＿＿＿＿＿＿＿＿＿＿＿＿のようなものである。

②　若者が贈り合う＿＿＿＿＿＿＿＿＿＿＿とは、"なんとなく好き、の空気"を
　　増殖（ぞうしょく）させるためのものだと思う。

③　今の子どもや若者の親は、高度成長期（こうどせいちょうき）を通して豊かな生活が＿＿＿＿＿＿。

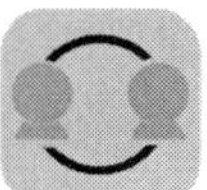

스마트 독해연습

본문 파악하기를 읽고, 키워드를 아래의 보기에서 골라 쓰세요.

보기

世の中	贈り物	雑誌	大人	賄賂	若者
便宜	コミュニケーション	真意	好意		

주요어휘 확인해보기

□ □ **贈(おく)り物(もの)** : 선물

□ □ **若者(わかもの)** : 젊은이, 청년

□ □ **世(よ)の中(なか)** : 세상, 사회

□ □ **分析(ぶんせき)** : 분석

□ □ **載(の)せる** : 얹다, 싣다

□ □ **高度成長期(こうどせいちょうき)** : 고도성장기(1955년~1973년의 일본경제 성장기)

□ □ **実用(じつよう)** : 실용

□ □ **中元(ちゅうげん)** : 백중(음력 7월 15일경), 백중날의 선물

□□ 歳暮(せいぼ) : 연말, 연말 선물

□□ 賄賂(わいろ) : 뇌물

□□ 感謝(かんしゃ) : 감사

□□ 便宜(べんぎ) : 편의

□□ 取(と)り計(はか)らう : 처리하다, 조처하다

□□ 目的(もくてき) : 목적

□□ 唐突(とうとつ) : 갑자기, 불쑥

□□ 差(さ)し出(だ)す : 내밀다, 보내다

□□ 動機(どうき) : 동기

□□ プリクラ(print club) : 스티커 사진

□□ シール(seal) : 스티커

□□ 伝達(でんたつ) : 전달

□□ 漠然(ばくぜん)と : 막연하게, 막연히

□□ 好意(こうい) : 호의, 호감

□□ 感情(かんじょう) : 감정

□□ 頻繁(ひんぱん)に : 빈번하게

□□ 増殖(ぞうしょく) : 증식

□□ 受(う)け取(と)る : 받다, 수취하다

□□ きわめて : 매우, 극히, 더 없이

□□ 警戒(けいかい) : 경계

표현 익히기

---

1) ~にくい　(~하기 어렵다 / ~하기 불편하다)
　➡ 동사의 「マス형」에 붙어 '~하는 것이 어렵다'는 뜻으로 쓰인다.

❀ それに比べて、若者は「はい、これ」ととうとつに差し出す贈り物に、意味や動機
　が見え**にくい**ことも多い。

① あの人の話は発音があいまいで分かり**にくい**。

② 日本の夏は温度も高ければ湿度も高く、過ごし**にくい**。

③ サンドイッチは見た目はいいが、食べ**にくい**。

④ 近くに大きいビルがたくさん建って、＿＿＿＿＿＿＿＿＿＿＿＿＿＿＿＿＿＿＿＿。

---

2) ~になると　(~가 되면 / ~와 같은 상황이 되면)
　➡ '어떤 레벨, 단계에 이른 때에' 라는 뜻으로 쓰인다.

❀ プリクラやシール**になると**、「もらったからあげた」と、交換すること自体が目的に
　なっていることさえある。

① 私は季節の変わりめ**になると**、きまって体調を崩してしまう。

② 何回も練習したのに、いざ本番**になると**、上がってしまいました。

③ 日本は加工貿易国家なので円安**になると**、有利になると言われています。

④ ＿＿＿＿＿＿＿＿＿＿＿＿＿＿＿＿、日本語がぺらぺらしゃべれるようになります。

3) ~に対して (~에 대해서)
➡ 「명사＋に対して」의 형태로 동작이나 감정의 대상을 나타낼 때 쓰인다.

❀ ただ、相手**に対して**も「いい人だな」といった漠然とした好意の感情が生まれる。

① 大統領は記者団の質問**に対して**事実関係を否定した。

② 日本人は知らない人**に対して**は消極的だが、親しい人に対しては積極的な態度を見せることが多い。

③ 東日本大震災の被災者の皆様**に対し**、心よりお悔やみ申し上げます。

④ 今の多くの若者は＿＿＿＿＿＿＿＿＿＿＿＿＿＿＿＿＿＿＿＿＿＿＿＿＿。

4) ~かもしれない (~일지도 모른다 / ~일 수도 있다)
➡ 말하는 사람이 단정을 피해 표현을 완화할 때 쓰인다.

❀ 思い入れたっぷりの贈り物を返して警戒されるよりは、「お、ありがとう」とことばと笑顔だけにとどめておく方が、まだ安全**かもしれない**。

① 今日はお客さんが来る**かもしれない**から、肉も魚も少しよけいに買っておこう。

② もう少し勉強しておけば試験にうかった**かもしれない**。

③ 森田選手は足が速いから金メダルがとれる**かも知れない**。

④ 時間になっても来ないところをみると、もしかしたら＿＿＿＿＿＿＿＿＿＿＿＿＿＿＿＿。

피드백으로 마무리하기

핵심표현 피드백 하기

밑줄 친 부분의 한국어에 해당하는 일본어를 쓰세요.

1 若者がとうとつに差し出す贈り物に、意味や動機は見え＿＿＿＿＿＿＿＿＿＿＿＿＿＿＿ことも多い。

❙ 젊은이가 갑자기 내미는 선물에, 의미나 동기는 찾아보기 어려운 경우도 많다

2 プリクラやシール＿＿＿＿＿＿＿＿＿、交換すること自体が目的になっていることさえある。

❙ 스티커 사진이나 스티커의 경우는 교환하는 자체가 목적이 되는 것도 있다

3 ただ、相手＿＿＿＿＿＿＿＿＿＿「いい人だな」といった漠然とした好意の感情が生まれる。

❙ 단지, 상대에 대해서도 '좋은 사람이네'와 같은 막연한 호의적 감정이 생긴다.

4 「お、ありがとう」とことばと笑顔だけにとどめておく方が、まだ安全＿＿＿＿＿＿＿＿＿＿＿＿＿＿＿＿＿＿。

❙ "어, 고마워"라는 말과 미소만으로 끝내는 것이 더 안전할 지도 모른다.

핵심단어 피드백 하기

다음 한자 읽는 방법(히라가나)과 그 뜻(한국어)을 쓰세요.

단어	히라가나	뜻
1. 分析		
2. 高度		
3. 実用		
4. 賄賂		
5. 便宜		
6. 唐突		
7. 伝達		
8. 漠然		
9. 頻繁		
10. 警戒		

わとあいさつ

생각해보기

挨拶（あいさつ）

「ね」という言葉（ことば）

あいづち

失礼（しつれい）

感謝（かんしゃ）

謝（あやま）る

断（ことわ）る

あいまい

① 日本人のあいさつについてどう思いますか。

② あなたの国ではどんなときに謝りますか。（日本と比べてください。）

일본문화 키워드

日本人の言語行動

　일본인과 대화를 해보면 이해하기 어려운 표현이 종종 있다. 이러한 표현은 자신보다 상대방의 입장을 배려하는 일본문화의 특징에서 비롯된 것이다.

□ おかげさまで

　일본인은 상대방과 대화를 나눌 때, "덕분에요"라는 말을 자주 사용한다. 예를 들어 "자녀분이 똑똑하네요"라는 말을 들었을 때, 일본인은 "덕분에요"라고 대답하지만, 외국인들은 당신 덕분이라고 말하지 않는다.

　또한 외국인이 이 말을 들으면 달리 내 덕은 아닌데(別に私のおかげではないのに)라는 복잡한 생각이 든다고 한다. 그러나 일본인은 상대가 나에게 직접적인 영향을 미치지 않았더라도, 감사하고 사죄하는 언어행동을 중요하게 생각하기 때문에 "덕분에요"라고 말할 수 있는 것이다. 또한 상대방의 의견을 존중하면서 대화를 원만하게 이끌기 위한 일본인의 언어행동이기도 하다.

□ つまらないものですが

　이 표현은 누군가에게 선물을 줄 때 자주 사용하는 말이지만 외국인이 오해하기 쉬운 말이기도 하다. 이 말에는 당신이 평소 드시거나 사용하는 것에 비하면 보잘 것 없지만「(あなたが普段召し上がったり身につけているものと比べると)つまらないものですが」이라는 의미가 포함된 것이다. 외국인은 이와 같은 설명을 들어야 비로소 일본어의 겸양 표현을 이해하게 된다.

□ 「ちょっと」

　일본어를 공부하는 외국인은「ちょっと」는「少し」라는 의미라고 배운다. 그러나 실제로 반드시 그런 것은 아니어서 상당히 혼란스럽다고 한다. 예를 들면「可能ですか？」라는 질문에 대해「ちょっと難しいですね」라고 대답하면 일본인은 거절의 의미로 받아 들인다.

　그러나 외국인은「少しだけ難しいけれど、できるかもしれない」라는 뜻으로 오해하기 쉽다. 이렇게 애매하게 거절하는 이유는 일본인은 인간관계에 있어「和」라는 것을 중요하게 여기기 때문이다. 즉 확실하게 거절해서 서로간의 관계에 금이 가거나 불편해지는 것을 원하지 않는 것이다. 일본인과 원활한 커뮤니케이션을 하기 위해서는 이러한 일본인의 언어행동의 특징을 이해하는 것도 중요하다.

 **본문 파악하기**

わとあいさつ

　日本人の間には、和という精神、これが一番大切にしなくてはいけない¹⁾ことだという教えがある。ご承知のとおり聖徳太子という人が昔十七条憲法というものを発した。あの第一条には何と書いてあるか。「和をもって貴しと為し」。人と仲良くすること。同じ意見を持つこと。これが一番必要だというのが日本人の考えの根底にある。

　外国人が日本に来て、日本人の会話を聞くと、一番耳につくのが「ね」という言葉だと言う。「今日はずいぶんたくさんの人が来ましたね」とか、「今日は天気がよかったですね」とか、何かと²⁾「ね」をつける。あの「ね」は何という意味ですか、と聞かれたことがある³⁾。日本人はわかる。「今日はたくさんの人が来たと思っております。あなたも同じでしょう」。つまり⁴⁾「あなたと同じ気持ちです」ということを繰り返し繰り返し言うことで、相手に対する軽い尊敬の気持ちを表している。だから挨拶ということが非常に大切なのである。

　アメリカ人が日本にやって来ると、日本人の挨拶はうるさくて仕方がない、と思うようだ。例えば思いがけないところで知っている人とバッタリ会う。「どちらにお出かけですか」と尋ねる。アメリカ人はうるさいと思う。「どこに行こうと俺の勝手だ。俺の秘密を探ろうとしているのだろうか」。日本人は何もそういうつもりではない。「こんなところでお目にかかるとは思いがけないことだ。あなたの身の上に何か大変なことがおこったのではないだろうか。もしそうだったら、一緒に心配してあげましょう」とこういう気持ちで聞くわけである。だから訊かれた方も正直に「いまちょっとお金がなくて、銀行にお金を借りにいくところです」なんていう必要はない。相手にご心配にはおよびませんよ、ということを伝えればいいのだ。そこで何と言うか。「ちょっとそこまで」。これでおしまいである。

　　　　　　　　　　　　　　『ホンモノの日本語を話していますか？』より

독해연습 해보기

1 본문 파악하기의 내용과 일치하는 것에 O를, 다른 것에 X를 표시하세요.

① 日本人の考えの根底には和という精神がある。 ……………………………… (　　　)

② 日本人が会話でよく「ね」をつけるのは「あなたと同じ気持ちです」ということ
を相手に伝えるためだ。 ……………………………………………………… (　　　)

③ 日本人に会って「どちらにおでかけですか」と尋ねられると行き先を詳しく
説明しなければならない。 …………………………………………………… (　　　)

④ アメリカ人は日本人のあいさつはうるさいと思う。 ……………………… (　　　)

⑤ 日本人は相手の秘密を探るため、挨拶をする。 ………………………… (　　　)

2 본문 파악하기를 읽고 밑줄에 적당한 말을 쓰세요.

① 聖徳太子の十七条憲法の第一条の「和をもって貴しと為し」とは、つまり
________________________と同じ意見を持つことを意味する。

② 日本人の「ね」ということばには________________がこめられているのである。

③ 日本人に「どこまでお出かけですか」と尋ねられたら、________________と
答えるだけでいい。

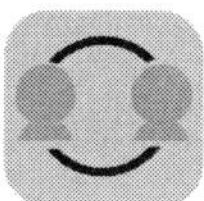

스마트 독해연습

본문 파악하기를 읽고, 키워드를 아래의 보기에서 골라 쓰세요.

____

____

> **보기**
>
> | 日本人 | 必要 | 考え | 和 | 外国人 | 「ね」 |
> | 会話 | 挨拶 | 同じ気持ち | | うるさい | |

주요어휘 확인해보기

□ □　**精神(せいしん)** : 정신

□ □　**教(おし)え** : 가르침, 교훈

□ □　**承知(しょうち)** : 알고 있음, 승낙함

□ □　**聖徳太子(しょうとくたいし)** : 〈인물〉 일본 **飛鳥(あすか)** 시대의 정치가 · 사상가
(573~621)

□ □　**十七条憲法(じゅうしちじょうけんぽう)** : **聖徳太子**가 만든 일본최초의 성문법

□ □　**発(はっ)する** : 발표하다, 알리다

□ □　**貴(とうと)い** : 귀중하다, 소중하다

□ □ 　**為(な)す** : 하다, 행하다, 일반적으로는 잘 쓰이지 않음

□ □ 　**必要(ひつよう)だ** : 필요하다

□ □ 　**仲良(なかよ)い** : 사이가 좋다, 친하게 지내다

□ □ 　**考(かんが)え** : 생각

□ □ 　**根底(こんてい)** : 근저, 밑 바탕

□ □ 　**耳(みみ)につく** : 귓전에서 떠나지 않다, 귀에 쟁쟁하다

□ □ 　**ごとに** : ~마다

□ □ 　**繰(く)り返(かえ)す** : 되풀이하다, 반복하다

□ □ 　**仕方(しかた)がない** : 어쩔 수 없다

□ □ 　**思(おも)いがけない** : 뜻 박이다, 예상 밖이다

□ □ 　**バッタリ** : 뜻밖에 마주치는 모양, 딱

□ □ 　**尋(たず)ねる** : 묻다, 찾다, 방문하다

□ □ 　**勝手(かって)** : 제멋대로 굶, 자기 좋을 대로 함

□ □ 　**秘密(ひみつ)** : 비밀

□ □ 　**探(さぐ)る** : 찾다, 살피다

□ □ 　**身(み)の上(うえ)** : 신상, 신변

□ □ 　**おこる(起こる)** : 일어나다, 발생하다

□ □ 　**心配(しんぱい)** : 근심, 걱정, 염려

□ □ 　**訊(き)く** : 묻다, 일반적으로는 잘 쓰이지 않음

□ □ 　**正直(しょうじき)に** : 솔직히 말하자면, 사실은

표현 익히기

---

1) ~なくてはいけない・ならない　(〜하지 않으면 안 된다/〜해야 한다)
➡ 동사의 「ない」형에 붙어 의무, 필요성을 나타낸 때 쓰인다.

✤ 日本人の間には、和という精神、これが一番大切にし**なくてはいけない**ことだという教えがある。

① テレビでよく「デフレから脱却し**なくてはいけない**」といったニュースを目にする。

② 目上の人と話す時は敬語を使わ**なくてはいけない**。

③ 学費をかせぐために働か**なくてはならない**。

④ 少しぐらいつらくても、＿＿＿＿＿＿＿＿＿＿＿＿＿＿＿＿＿＿＿＿＿。

---

2) 何かと　(여러모로/여러 가지로)
➡ 특별히 무엇이라 지칭하지 않고, 막연하게 제시할 때 쓰인다.

✤ 「今日はずいぶんたくさんの人が来ましたね」とか、「今日は天気がよかったですね」とか、**何かと**「ね」をつける。

① このたびは、**何かと**お世話になりました。

② 年末は、大掃除や新年の準備などで**何かと**忙しい。

③ 彼女は女性の指揮者ということで**何かと**注目されることが多い。

④ 有名な親を持つ子供は＿＿＿＿＿＿＿＿＿＿＿＿＿＿＿＿＿＿＿＿。

3) ~たことがある (~한 적이 있다/~한 경험이 있다)

➡ 경험을 서술할 때 쓰인다.

❀ あの「ね」は何という意味ですか、と聞かれた**ことがある**。

① 最近話題となっているあの小説を読んだ**ことがありますか**。

② この地域は過去に何回か大雨に見舞われた**ことがある**。

③ 箱田さんにはこれまでに2度会った**ことがある**。

④ 子どもの頃＿＿＿＿＿＿＿＿＿＿＿＿＿＿＿＿＿＿＿＿＿＿＿。

4) つまり (결국/즉/요컨대)

➡ 어구나 문장 뒤에서 그것과 같은 의미를 다른 표현으로 바꾸어 말할 때 쓰인다.

❀ **つまり**「あなたと同じ気持ちです」ということを私たちは会話をするごとに繰り返している。

① 彼にとって「居酒屋」とは、**つまり**「みんながワイワイ集まって飲める空間」である。

② いろいろとお話は続きますが、**つまり**何が言いたいのですか。

③ 竹馬の友とは、**つまり**幼い時の友だちのことである。

④ サイバーテロとは＿＿＿＿＿＿＿＿＿＿＿＿＿＿＿＿＿＿＿＿。

피드백으로 마무리하기

핵심표현 피드백 하기

밑줄 친 부분의 한국어에 해당하는 일본어를 쓰세요.

1 これが一番大切に＿＿＿＿＿＿＿＿＿＿＿＿ことだという教えがある。

┃ 이것이 가장 소중하게 여겨야 하는 일이라는 가르침이 있다.

2 「今日はずいぶんたくさんの人が来ましたね」とか、「今日は天気がよかった
ですね」とか、＿＿＿＿＿＿＿＿＿＿＿「ね」をつける。

┃ "오늘은 꽤 많은 사람이 왔네요"라든지, "오늘은 날씨가 좋았지요"라는 등 다
양하게 'ね'를 붙인다.

3 あの「ね」は何という意味ですか、と聞かれた＿＿＿＿＿＿＿＿＿＿＿。

┃ 그 「ね」는 무슨 의미입니까? 라는 말을 들은 적이 있다.

4 ＿＿＿＿＿＿＿＿＿「あなたと同じ気持ちです」ということを私たちは会話をす
るごとに繰り返している。

┃ 즉 '당신과 같은 기분입니다'라는 것을 우리들은 대화를 할 때마다 반복하고
있다.

 핵심단어 피드백 하기

다음 한자 읽는 방법(히라가나)과 그 뜻(한국어)을 쓰세요.

단어	히라가나	뜻
1. 精神		
2. 承知		
3. 意見		
4. 必要		
5. 憲法		
6. 挨拶		
7. 秘密		
8. 正直		
9. 根底		
10. 尊敬		

おしょうがつ

생각해보기

おさい銭

二礼二拍一礼

鳥居

門松

鏡餅

お年玉

年賀状

御節料理

❶ 日本のお正月の行事としては何がありますか。

❷ 日本のお正月の食べ物について知っていますか。

 ## 일본문화 키워드

大晦日（おおみそか）

한 해의 마지막 날인 섣달그믐, 일본인은 대청소를 한 후 온 가족이 TV앞에 모여 앉아 홍백가요대전(紅白歌合戦) 같은 특집방송을 시청하며 도시코시소바(年越しそば)를 먹거나 절에서 제야의 종소리를 들으며 보낸다.

☐ 도시코시소바(年越しそば)

12월 31일 밤에 메밀국수를 먹는 풍습이 있는데 해를 넘기며 먹는 국수라고 해서 도시코시소바라고 한다. 가늘고 긴 국수 면발처럼 오래 건강하게 살라는 의미가 담겨 있다.

☐ 제야의 종(除夜の鐘)

우리나라와 마찬가지로 12월 31일 자정이 되면 전국 각지의 절에서 108번의 타종을 시작한다. 인간의 108가지 번뇌를 없애준다는 불교적 의미가 담겨있다.

初詣（はつもうで）

새해를 맞이하여 한 해의 건강과 행복을 기원하기 위하여 신사나 절을 찾아 참배하는 행사이다.
신사나 절에서 판매하는 부적(お守り)을 사기도 하고 에마(絵馬)라고 하는 그림이 그려진 나무 판에 소원을 적어 빌기도 한다.
정월 초하루부터 초사흘까지 사흘간 참배하는 것을 말하지만 특히 1월 중에 하는 참배는 모두 하쓰모데(初詣)라고 한다.
참배객이 많은 신사나 사원의 교통편의를 위해 12월31일부터 하쓰모데용 임시열차를 운행하기도 하다.

門松（かどまつ）

일본어로 소나무를 가리키는 「(松)まつ」는 기다린다는 뜻의 「(待つ)まつ」와 발음이 같다.
일본인은 새해에 신을 맞이하기 위해서 집 앞에 소나무를 장식해서 세워 놓는데 그 소나무에 새해의 신령이 깃들어 집안에 행운을 가져다 주기를 기다린다는 의미도 있다.
가도마츠(門松)장식은 지역에 따라 다소 차이는 있지만 대개 12월 중순부터 1월7일까지 하고 일반 가정 집 앞뿐만 아니라 백화점, 호텔, 가게, 회사 등 일본 거리 곳곳에서 볼 수 있다.

おしょうがつ

　新年を迎えるときは、毎年、除夜の鐘をはさんで、我が家のお寺、六角堂へお参りをします。初詣というのは、一家の長が大晦日の夜から元日の朝にかけて[1)]、寺社にこもって祈る風習から始まったそうで、我が家でも少し前までは女性はお参りに出ないことになっていました。しかし、風習も世につれです。

　元日の朝は、家族全員で「おめでとうございます」とお屠蘇で祝い、お節料理とお雑煮をいただきます。お雑煮にいれるお餅は、京都は丸餅で、東京は四角い切り餅。昔はどの地方でも鏡餅を象った小さな丸餅だったそうですが、丸餅はひび割れしやすいために、棒で伸ばして空気を抜くことで長持ちする切り餅が生まれたそうです。

　お節料理は、もともとは[2)]神様に捧げる供物。「神様をお迎えするのだから、物音を立てたり、煮炊きをしたりするのを慎みましょう」という意味で年末に用意したのです。お煮しめを作っていると、娘たちが「教えてほ

しい」とやってきて台所が活気づいたのも、昔。今は娘たちが結婚した

り、海外でお正月を過ごしたりで、五段の重箱が三段になり、徐々に我

が家のお節料理は縮小傾向にあります。

　黒豆はまめに暮らせるように。数の子は子孫繁栄。田作りは豊作。

昆布は喜ぶ。縁起を担いだお節料理をいただきながら毎年お正月に思

い出すのは、本当に幼い頃、父に言われた言葉。

　「元旦に怒っていると、一年中怒るよ。元旦に泣いていると、一年中

泣くよ」

　今でも、いい言葉だなと思います。まさしく、一年の計は元旦にあり。

一年を健康に過ごせるように、お箸やご飯茶碗、シーツやパジャマを新品

に替えてみる。あるいは[3]、洗濯をした清潔な衣類を身につける。そし

て、元日だけは笑顔で過ごしたいものです[4]。

『美しい日本のしきたり』より

독해연습 해보기

1　본문 파악하기의 내용과 일치하는 것에 O를, 다른 것에 X를 표시하세요.

① 書き手の家では今でも初詣に女性はお参りにでないことになっている。
　……………………………………………………………………………………（　　）

② お雑煮にいれるお餅は、京都は四角い切り餅で、東京は丸餅になっている。
　……………………………………………………………………………………（　　）

③ 書き手の家のお節料理は娘の結婚などで家族が増えたため拡大傾向にある。
　……………………………………………………………………………………（　　）

④ 元旦に怒ったり泣いたりすると、一年中そうなるという言い伝えがある。
　……………………………………………………………………………………（　　）

⑤ 大晦日の夜は、家族全員でお屠蘇（とそ）を飲み、お節料理とお雑煮を食べる。
　……………………………………………………………………………………（　　）

2　본문 파악하기를 읽고 밑줄에 적당한 말을 쓰세요.

① 現在お雑煮の餅が切り餅になったのは、もともと丸餅だったのを長持ちするた
　め＿＿＿＿＿＿＿＿＿＿＿＿＿＿＿＿＿＿＿＿＿からである。

② お節料理というのは、元来は、神様に＿＿＿＿＿＿＿＿＿＿＿＿＿＿＿であった。

③ お節料理はそれぞれ意味を持つが、黒豆は＿＿＿＿＿＿＿＿＿＿＿＿＿＿＿＿
　ように、数の子は子孫繁栄を願うものである。

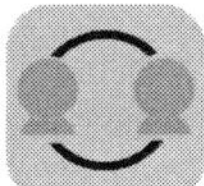

스마트 독해연습

본문 파악하기를 읽고, 키워드를 아래의 보기에서 골라 쓰세요.

____

____

> **보기**
>
> 新年　　大晦日（おおみそか）　　鏡餅（かがみもち）　　初詣　　縁起（えんぎ）　　元日
>
> お節料理　　　田作り（たづくり）　　昆布　　お雑煮

주요어휘 확인해보기

- ☐ ☐　**新年(しんねん)** : 신년, 새해

- ☐ ☐　**除夜(じょや)の鐘(かね)** : 제야의 종(108번뇌를 없앤다는 뜻에서 108번 침)

- ☐ ☐　**お参(まい)り** : 신불(神佛)을 참배하러 감

- ☐ ☐　**初詣(はつもうで)** : 첫 참배

- ☐ ☐　**大晦日(おおみそか)** : 섣달 그믐날

- ☐ ☐　**元日(がんじつ)** : 설날

- ☐ ☐　**寺社(じしゃ)** : 절과 신사

- ☐ ☐　**祈(いの)る** : 빌다, 기원하다

□□ 風習(ふうしゅう) : 풍습

□□ お屠蘇(とそ) : 도소주(불로장수에 효험이 있다고 하여 설날에 축하주로 마심)

□□ 祝(いわ)う : 축하하다, 행운을 빌다

□□ 地方(ちほう) : 지방

□□ 象(かたど)る : 모방하다, 본뜨다

□□ ひび割(わ)れる : 금이 가다, (손발 따위가) 트다

□□ 抜(ぬ)く : 뽑다. 빼내다

□□ 捧(ささ)げる : 양손으로 높이 받들다, 바치다

□□ 物音(ものおと) : 소리

□□ 慎(つつし)む : 조심하다, 삼가다

□□ 煮(に)しめ : (야채,고기 등의)조림

□□ 活気(かっき)づく : 활기를 띠다

□□ 重箱(じゅうばこ) : 찬합

□□ 縮小(しゅくしょう) : 축소

□□ 子孫(しそん) : 자손

□□ 繁栄(はんえい) : 번영

□□ 田作り(たづくり/たつくり) : (=ごまめ)말린 새끼 멸치, 혹은 조림

□□ 豊作(ほうさく) : 풍작

□□ 縁起(えんぎ) : 일의 기원이나 유래, 운수, 재수

□□ 洗濯(せんたく) : 세탁

□□ 清潔(せいけつ) : 청결, 깨끗함

표현 익히기

1) ~から~にかけて　(~부터 ~에 걸쳐/~부터~사이에)
➡ 장소나 시간을 나타내는 명사와 함께 쓰여 연속적으로 진행되는 것을 나타낼 때 쓰인다.

❀ 初詣というのは、一家の長が大晦日の夜**から**元日の朝**にかけて**、寺社にこもって 祈る風習から始まったそうだ。

① 昨日**から**今日**にかけて**小さな地震が数回起こった。

② 台風は今晩**から**明日の朝**にかけて**日本を通過する見込みです。

③ 今夜**から**明日**にかけて**計画停電が行われることになっている。

④ ＿＿＿＿＿＿＿＿＿＿＿＿＿＿＿＿＿＿＿＿＿＿＿＿雪が降り続けている。

2) もともとは~　(원래는)
➡ '본래'라는 의미로 어떤 상황이나 상태의 처음을 나타낼 때 쓰인다.

❀ お節料理は、**もともとは**神様に捧げる供物。

① そのパソコンは**もともとは**あの人のものではなかった。

② **もともとは**別々の自治体だったが、統合されてひとつの市になった。

③ あの高級マンションの敷地は**もともとは**工場だった。

④ ＿＿＿＿＿＿＿＿＿＿＿＿＿＿＿＿＿＿＿＿＿＿＿＿変わってしまった。

---

3) A あるいは B (A 혹은/또는 B)
➡ A·B 둘 중 하나라는 뜻으로 쓰인다.

❀ 一年を健康に過ごせるように、お箸やご飯茶碗、シーツやパジャマを新品に替えてみる。**あるいは**、洗濯をした清潔な衣類を身につける。

① 学校へいくのか、**あるいは**休むのか、どっちなのですか。

② やれるか、**あるいは**やれないか、とにかくやってみることですね。

③ 医者を呼んで来ましょうか。**あるいは**薬でも買って来ますか。

④ 就職をするか、＿＿＿＿＿＿＿＿＿＿＿＿＿＿＿＿＿＿＿＿＿＿＿＿＿。

---

4) ~たいものだ (꼭~하고 싶다)
➡ 화자가 ～하고 싶다는 기분을 강조할 때 쓰인다.

❀ 元日だけは笑顔で過ごし**たいものです**。

① 今のわたしを死んだ父にみてもらい**たいものだ**。

② このまま健康で幸せな生活を送り**たいものだ**。

③ 日本へ行かれるときには、わたしもぜひ、ご一緒し**たいものです**。

④ 世の中に生まれて＿＿＿＿＿＿＿＿＿＿＿＿＿＿＿＿＿＿＿＿＿＿＿。

피드백으로 마무리하기

핵심표현 피드백 하기

밑줄 친 부분의 한국어에 해당하는 일본어를 쓰세요.

1 初詣というのは、一家の長が＿＿＿＿＿＿＿＿＿＿＿＿、お寺と神社にこもっ
て祈る風習から始まったそうだ。
▎첫 참배라는 것은 한 집안의 가장이 섣달 그믐 밤부터 설날 아침까지, 절과 신
사에 들어가 기도하는 풍습에서 시작되었다고 한다.

2 お節料理は、＿＿＿＿＿＿＿＿＿＿＿＿＿＿＿＿神様に捧げる供物。
▎설 음식은 원래는 신에게 받치는 공양

3 一年を健康に過ごせるように、お箸やご飯茶碗を新品に替えてみる。
＿＿＿＿＿＿＿、洗濯をした清潔な衣類を身につける。
▎일년을 건강하게 지낼 수 있도록 젓가락과 밥공기를 새것으로 바꿔 본다.
혹은 세탁한 청결한 의류를 걸친다.

4 元日だけは笑顔で＿＿＿＿＿＿＿＿＿＿＿＿＿＿＿＿＿。
▎설날만큼은 웃는 얼굴로 지내고 싶습니다.

핵심단어 피드백 하기

다음 한자 읽는 방법(히라가나)과 그 뜻(한국어)을 쓰세요.

단어	히라가나	뜻
1. 元日		
2. 洗濯		
3. 子孫		
4. 風習		
5. 地方		
6. 物音		
7. 縮小		
8. 豊作		
9. 縁起		
10. 清潔		

제6과

ほほえみ

생각해보기

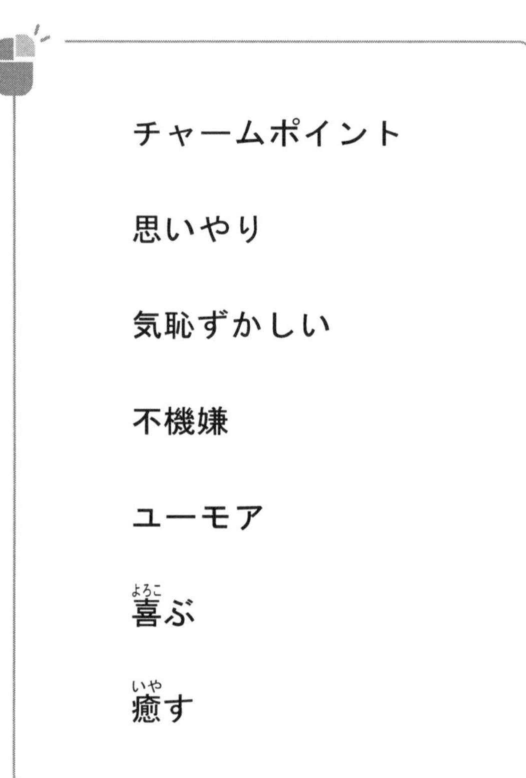

① あなたはどんな時、ほほえみを浮かべますか。

② 笑いに関連した名言やことわざを話し合ってみましょう。

일본문화 키워드

環境・エコ

　エコ는 영어 'ecology(エコロジー)'를 줄여 만든 말로 원래는 생태학이라는 뜻이지만 21c에 들어서 일본에서는 인간생활과 자연과의 조화 등을 나타내는 뜻으로 에코라는 말을 사용하기 시작하였다.

　일본에서는 '친환경적인''환경을 배려한' 이라는 뜻의 「環境に配慮する」「地球にやさしい」라는 표현이 많이 쓰이는 것을 볼 수 있다.

□ エコポイント : 일본 정부가 지구온난화 방지, 경제 활성화, 지상파디지털 TV의 보급을 추진할 목적으로 도입한 정책의 일환(2010년 3월~2012년 3월).　포인트를 모으면 다양한 상품과 서비스로 교환이 가능하다.

□ エコカー減税 : 친환경 자동차를 구입하면 50-100%의 감세 혜택을 받을 수 있는 제도.

□ エコバック : 환경을 배려하여 슈퍼나 편의점 등에서 구입한 물건을 담는 비닐 봉투대신 사용하는 간편한 가방이다. 쇼핑백을 휴대하여 비닐봉투의 소비를 줄이자는 환경의식 속에서 에코백이라는 명칭이 생겨났다.　소재는 면이나 나일론이 주를 이루며 슈퍼에서 저가로 제공하는 경우가 많다. 또한 유명 패션디자이너가 디자인한 「おしゃれなエコバック」도 등장하여 화제가 되고 있다.

□ 風呂敷 : 최근 등장한 エコライフ의 필수 아이템. 포장지를 사용하지 않고 쌀 수 있는 데다 가방처럼 사용할 수 있어 한 장의 천을 다용도로 활용할 수 있다는 것이 장점이다.
　후로시키는 홋카이도에서 열린 도야코 G8 정상회의 증정품 중 한 가지로 채택되어 각국 수상의 영부인들에게 증정되기도 하였다.

본문 파악하기

ほほえみ

　生まれつき笑顔の少なかった私が、笑顔を多くし始めたのは、誠にお恥ずかしいきっかけからでした。二十代に入って、アメリカ人と一緒に働くようになったある日、一人の男性職員から「渡辺さんは笑顔がすてきだよ」といわれたことによるのです。ほめるということ¹⁾は大切なのですね。

　笑顔で生きるということに、もう少し自分らしい意味を与えるようになったのは、三十代になってからの「ほほえみ」という詩との出合いでした。「お金を払う必要のない安いものだが、相手にとって²⁾は、非常な価値を持つものだ」という言葉に始まる詩は、次のように締めくくられていました。

もしあなたが、誰かに期待した

ほほえみが得られなかったら

不愉快になる代わりに³⁾

あなたの方から　ほほえみかけて　ごらんなさい

ほほえみを忘れた人ほど

　　　それを必要とする人は　　いないのだから

　　この詩との出合いは、私の笑顔の質を変えました。チャームポイントと<u>して</u>[4)]の笑顔から、他人への思いやりとしての笑顔、そしてさらには、自分自身の心との戦いとしての笑顔への転換の始まりとなったのです。

　　そして、この転換は、私に二つの発見をもたらしてくれました。

　　その一つは、物事がうまくいかない時に笑顔でいると、不思議と問題が解決することがあるということです。お姑さんとうまくいかない卒業生が、「シスター、本当ですね。注意された時に、笑顔で『ありがとうございました』というようにしてから、二人の間がとてもよくなったのですよ」と、報告してくれました。

　　もう一つの発見は、自分自身との戦いの末に身についたほほえみには、他人の心を癒す力があるということです。

　　不機嫌は立派な環境破壊だということを、忘れないでいましょう。私たちは時に、顔から、口から、態度から、ダイオキシンを出していないでしょうか。これらは大気を汚染し、環境を汚し、人の心をむしばむのです。笑顔で生きるということは、立派なエコなのです。

　　　　　　　　　　　　　　　　『置かれた場所でさきなさい』より

독해연습 해보기

1 본문 파악하기의 내용과 일치하는 것에 O를, 다른 것에 X를 표시하세요.

① 私が、笑顔を多くし始めたのは、アメリカ人の一人の男性職員から
ほめられたことによるものである。 …………………………………… （　　）

② 詩とはお金を払う必要のない安いものだが、相手にとっては非常な
価値を持つものだ。 …………………………………………………… （　　）

③ 私の笑顔はチャームポイントから他人への思いやりとしてのほほえみへ
変わった。 ……………………………………………………………… （　　）

④ ある卒業生が、 シスターに「 笑顔でいても、物事がうまくいかない」
と報告してくれた。 …………………………………………………… （　　）

⑤ 不機嫌な顔は人の心をむしばむのである。 ……………………… （　　）

2 본문 파악하기를 읽고 밑줄에 적당한 말을 쓰세요.

① 私の笑顔の質を変えたのは、＿＿＿＿＿＿＿＿＿＿＿＿＿＿＿＿がきっかけであっ
た。

② ＿＿＿＿＿＿＿＿＿＿は、お金を払う必要のない安いものだが、相手にはとても価
値を持つものである。

③ 不機嫌は＿＿＿＿＿＿＿＿＿＿＿であることに対して、笑顔で生きるということ
は＿＿＿＿＿＿＿＿＿＿＿＿＿なのである。

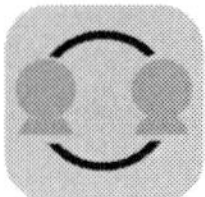 ## 스마트 독해연습

글의 대의를 파악하면서 다음 밑줄을 완성하세요.

私が笑顔を多くし始めたのは、アメリカ人の一人の男性職員からほめられたことが①________である。そして「ほほえみ」という詩との出合いは、私の笑顔の質を変え、二つの発見をもたらした。一つは私に物事がうまくいかない時に②____________、不思議と解決することがあるということ。もう一つは、自分自身との戦いの末に身についたほほえみには、③________________________があるということ。また、笑顔で生きるということは、④____________________である。

 ## 주요어휘 확인해보기

□ □　　ほほえみ(微笑み) : 미소

□ □　　笑顔(えがお) : 웃는 얼굴, 웃음 띤 얼굴

□ □　　職員(しょくいん) : 직원

□ □　　ほめる : 칭찬하다

□ □　　与える(あたえる) : 주다

□ □　　出合い/出会い(であい) : 해후, 만남

□ □　　価値(かち) : 가치, 값어치

□ □　**締(し)めくくる** : 단단히 묶다, 마무리 짓다

□ □　**不愉快(ふゆかい)** : 불유쾌, 불쾌

□ □　**チャームポイント** : 〈일본조어 charm+point〉 매력(**魅力**)의 중심점
*영어로는 charming point

□ □　**思(おも)いやり** : 생각함, 남을 헤아리는 마음

□ □　**戦(たたか)い** : 싸움, 전쟁

□ □　**転換(てんかん)** : 전환

□ □　**発見(はっけん)** : 발견

□ □　**物事(ものごと)** : 사물, 매사

□ □　**不思議(ふしぎ)** : 불가사의

□ □　**解決(かいけつ)** : 해결

□ □　**お姑(しゅうとめ)さん** : 시어머니

□ □　**シスター(sister)** : 시스터, 〈천주교〉수녀

□ □　**報告(ほうこく)** : 보고

□ □　**身(み)につく** : 몸에 배다

□ □　**癒(いや)す** : 낫게 하다, 치료하다

□ □　**不機嫌(ふきげん)** : 심기가 좋지 않음. 기분이 언짢음

□ □　**環境破壊(かんきょうはかい)** : 환경파괴

□ □　**ダイオキシン(dioxin)** : 〈화학〉 다이옥신, 유기 화합물의 일종으로 독성이 강하다

□ □　**汚染(おせん)** : 오염

□ □　**むしばむ** : 벌레 먹다

□ □　**汚(よご)す** : 더럽히다

□ □　**エコ(eco)** : 환경, 자연, **エコロジー**의 준말

표현 익히기

1) ~**ということ** (~라는 것/~라는 사실)
➡ 이야기나 지식, 사건 등의 내용을 구체적으로 서술할 때 쓰인다.

❀ ほめる**ということ**は大切なのですね。

① わたしが言いたいのは、いくら頑張っても長い間の習慣は変わらない**ということ**だ。

② スペシャルオリンピックスが今年一月韓国で開かれる**ということ**はあまり知られていない。

③ 白黒つければいいという問題ではないが、白と黒を理解せずうやむやでいい**ということ**ではない。

④ ____まだ誰もわからない。

2) ~**にとって** (~에게 있어서)
➡ 주로 인물을 나타내는 명사 뒤에 붙어 '~의 입장에서 보면'이라는 뜻으로 쓰인다.

❀ 「お金を払う必要のない安いものだが、相手**にとって**は、非常な価値を持つものだ」

① 今、現代人**にとって**スマートフォンは日常生活にかかせないものになっている。

② 彼**にとって**どういう挑戦になるのかは分からないが、うまくいくことを願っている。

③ 円安は、日本**にとって**家計に大きな打撃を与える。

④ ____は欠かせないものだ。

3) ~**代わりに**　(~대신에)

➡ '~대신에'라는 의미와 '좋은 일도 있는 반면 그렇지 않은 면도 있다'는 뜻으로 쓰인다.

❀ 不愉快になる**代わりに**あなたの方からほほえみかけてごらんなさい。

① 今度引っ越してきたこのまちは自然が豊かである**代わりに**交通が不便だ。

② アンケート調査によるとスマホのナビアプリ利用者の9割は「カーナビの**代わりになる**」と答えた。

③ アメリカ出張中の部長の**代わりに**、私が会議に出席します。

④ ____ひさしぶりに手紙を書いてみた。

4) ~**として**　(~로서/~의 명목으로)

➡ 명사에 접속하여 자격, 입장, 명목 등을 나타낼 때 쓰인다.

❀ チャームポイント**として**の笑顔から、他人への思いやりとしての笑顔、そしてさらには、自分自身の心との戦いとしての笑顔への転換の始まりとなったのです。

① 彼は趣味**として**小説を書いていたが、いつのまにか有名作家になった。

② 大学を卒業して会社に入るので、これからは社会人**として**責任を持って頑張りたい。

③ 彼は医者としてより、むしろ画家**として**の方が知られている。

④ ____見過ごすわけにはいかない。

피드백으로 마무리하기

핵심표현 피드백 하기

밑줄 친 부분의 한국어에 해당하는 일본어를 쓰세요.

1 他人への＿＿＿＿＿＿＿＿＿＿＿＿＿＿笑顔。
┃ 타인에 대한 배려로써의 미소

2 ほめる＿＿＿＿＿＿＿＿＿＿は大切なのですね。
┃ 칭찬한다는 것은 중요한 일이네요

3 他人の＿＿＿＿＿＿＿＿＿＿力があるということです。
┃ 타인의 마음을 치유하는 힘이 있다는 것입니다.

4 これらは＿＿＿＿＿＿＿＿＿＿＿＿＿＿のです。
┃ 이것들은 사람의 마음을 좀먹는 것입니다.

핵심단어 피드백 하기

다음 한자 읽는 방법(히라가나)과 그 뜻(한국어)을 쓰세요.

단어	히라가나	뜻
1. 笑顔		
2. 転換		
3. 価値		
4. 不愉快		
5. 物事		
6. 解決		
7. 報告		
8. 不機嫌		
9. 汚染		
10. 環境破壊		

제 7 과

アニメ

생각해보기

漫画(まんが)

テレビアニメ

ゲームソフト

フィギュア

漫画原作

おたく文化

① アニメが生み出した日本文化には何がありますか。

② 日本のアニメについて話し合ってみましょう。

일본문화 키워드

성지순례(聖地巡礼)
せいちじゅんれい

만화 및 애니메이션의 팬들이 자신이 좋아하는 작품의 무대가 된 곳을 찾아가는 것을 성지순례라 한다. 일본에는 현재 700개의 성지가 있으며 그곳을 방문하는 성지순례자가 연간 100만 명에 달한다고 한다. 최근에는 성지순례를 적극적으로 이용하여 지역 활성화와 연계하는 자치단체도 많아지고 있다.

2007년 4~9월에 방영된 애니메이션 '럭키스타(らき☆すた)'는 주인공인 히라기(柊)자매의 본가인 다카노미야(鷹宮)신사의 모델이 된 곳이 사이타마(埼玉)현 와시노미야(鷲宮)지구의 와시노미야(鷲宮)신사인 것이 알려지자 '성지순례'라는 이름 아래 팬이 몰려들어 붐을 일으켰다. 애니메이션 방영이 끝난 후에도 이곳의 새해 참배객이 4년 연속 증가하여 만화와 애니메이션을 이용한 지역 활성화의 성공사례로 유명해졌다.

ジャパンエキスポ

만화와 애니메이션, 게임, 음악 등 일본 대중문화 중심의 일본문화를 테마로 하여 2000년부터 프랑스 파리교외에서 개최되고 있는 종합적인 일본문화 전람회이다.

기업 중심의 전시회로 프랑스의 만화전문 출판사, DVD 및 기념품 판매회사, 일본음악 CD수입회사, 동인지 부스 등이 참가하며 만화가의 사인회나 코스프레 이벤트도 열린다.

2008년부터는 라포레 하라주쿠가 패션쇼와 코스프레 쇼를 개최하기 시작하였으며 2009년에는 일본 콘텐츠 산업의 보급을 위해 외무성, 경제산업성, 관광청 등 3개 부처가 연계하여 참가하기도 하였다.

본문 파악하기

アニメ

　「崖の上のポニョ」は、「となりのトトロ」や「千と千尋の神隠し」など数々のヒット作品をもつ宮崎駿監督による4年ぶりのアニメ映画である。2008年7月に公開され、観客動員数は1200万超、興行収入約150億円と08年最大のヒットとなった。

　さかなの子ポニョが、自分を助けてくれた5歳の男の子・宗介を好きになる。自らに秘められた力と父の魔法を解き放ちポニョは人間になるが、大津波を引き起こし、町は海にのまれてしまう‥‥。

　宮崎監督が「人魚姫」を大胆に翻案、生命力に満ちた子どものためのファンタジーに仕上げた。「絵を動かす」というアニメ本来の魅力を徹底的に追求。これによって[1]生み出された荒れ狂う波の上を走るポニョ、波を蹴散らす宗介の母の車、生物であふれかえる海など、圧倒的な映像が観客を魅了した。

　エンディングに流れる主題歌も、シンプルな歌詞と親しみやすいメロディーでヒット。 映画の終わりに、客席の子どもたちが一緒に歌う光景も見られた。

　08年8月末から開催されたベネチア国際映画祭のコンペティション部門に正式出品され、 宮崎監督は公式上映に集まった観客から5分間にわたって[2]、総立ちの拍手を受けた。賞は逃したが、同じくコンペに参加した押井守監督の「スカイ・クロラ　The　Sky　Crawl-ers」と合わせ、日本アニメの存在感を世界に示した。

　老若男女に愛される作品を世に送り出し、軒並み興行収入100億円超のメガヒットとなる宮崎駿監督は、「国民作家」の名にふわさしい。 1941年生まれで、 最近の製作ペースからすれば[3]次回作は70歳ごろになりそうだが、「となりのトトロ」、「千と千尋の神隠し」「ハウルの動く城」そして「崖の上のポニョ」と、生み出す映像はむしろ[4]若やいでおり、観客の、そして映画界の期待は大きい。

『朝日キーワード』より

독해연습 해보기

1 본문 파악하기의 내용과 일치하는 것에 O를, 다른 것에 X를 표시하세요.

① 宮崎駿監督は子供にしか愛されていない有名なアニメ監督である。
.... (   )

② 「崖の上のポニョ」は宮崎監督が「人魚姫」を翻案、大人のための
ファンタジーに仕上げたものである。 .... (   )

③ 「崖の上のポニョ」はベネチア国際映画祭のコンペティション部門に
正式出品されたが、賞は逃した。 .... (   )

④ 「崖の上のポニョ」の主題歌は、シンプルな歌詞とメロディーで子供た
ちには人気がなかった。 .... (   )

⑤ 宮崎駿監督は1941年生まれで70歳を過ぎているので観客と映画界
の期待は大きくない。 .... (   )

2 본문 파악하기를 읽고 밑줄에 적당한 말을 쓰세요.

① 宮崎監督が「崖の上のポニョ」で圧倒的な映像をつくりあげたのはアニメ本来
の魅力である＿＿＿＿＿＿＿＿＿＿＿ことを徹底的に追求した結果である。

② ベネチア国際映画祭で観客は全員＿＿＿＿＿＿＿宮崎監督に拍手を送っ
た。

③ 宮崎駿監督が国民作家と呼ばれるのは＿＿＿＿＿＿＿＿＿をとわず見られる
作品を作ったからである。

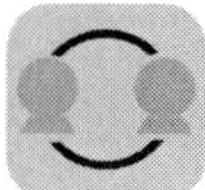

스마트 독해연습

글의 대의를 파악하면서 다음 밑줄을 완성하세요.

「崖の上のポニョ」は、日本において国民作家とされる宮崎駿監督が①__________を
大胆に翻案、②________________________________のためのファンタジーに仕上げ
圧倒的な映像で観客を魅了した大ヒット作品である。2008年のベネチア国際映
画祭のコンペティション部門に正式出品され、日本アニメの③____________を
世界に示した。

주요어휘 확인해보기

□ □　　崖(がけ) : 낭떠러지, 벼락, 절벽

□ □　　観客(かんきゃく) : 관객

□ □　　動員(どういん) : 동원

□ □　　興行(こうぎょう) : 흥행

□ □　　魔法(まほう) : 마법, 요술

□ □　　解(と)き放(はな)つ : 풀다, 해방하다

□ □　　大津波(おおつなみ) : 큰 해일

□ □　　引(ひ)き起(お)こす : 일으키다, 일으켜 세우다

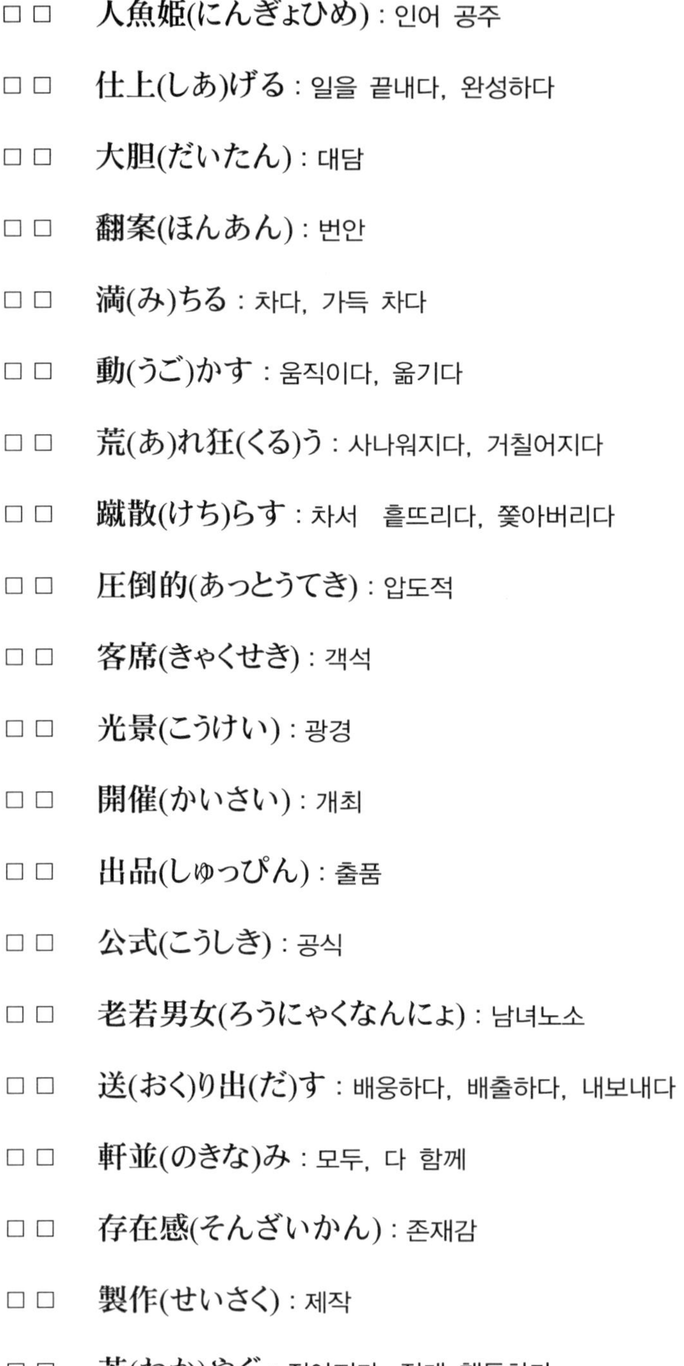

☐☐ **人魚姫(にんぎょひめ)** : 인어 공주

☐☐ **仕上(しあ)げる** : 일을 끝내다, 완성하다

☐☐ **大胆(だいたん)** : 대담

☐☐ **翻案(ほんあん)** : 번안

☐☐ **満(み)ちる** : 차다, 가득 차다

☐☐ **動(うご)かす** : 움직이다, 옮기다

☐☐ **荒(あ)れ狂(くる)う** : 사나워지다, 거칠어지다

☐☐ **蹴散(けち)らす** : 차서 흩뜨리다, 쫓아버리다

☐☐ **圧倒的(あっとうてき)** : 압도적

☐☐ **客席(きゃくせき)** : 객석

☐☐ **光景(こうけい)** : 광경

☐☐ **開催(かいさい)** : 개최

☐☐ **出品(しゅっぴん)** : 출품

☐☐ **公式(こうしき)** : 공식

☐☐ **老若男女(ろうにゃくなんにょ)** : 남녀노소

☐☐ **送(おく)り出(だ)す** : 배웅하다, 배출하다, 내보내다

☐☐ **軒並(のきな)み** : 모두, 다 함께

☐☐ **存在感(そんざいかん)** : 존재감

☐☐ **製作(せいさく)** : 제작

☐☐ **若(わか)やぐ** : 젊어지다, 젊게 행동하다

표현 익히기

---

1) ~**によって**　(~에 의해서 / ~에 따라서/~로 인해)
➡ '~라는 수단, 방법을 통해'라는 뜻으로 쓰인다.

❀ これ**によって**生み出された荒れ狂う波の上を走るポニョ、波を蹴散らす宗介の母の車、生物であふれかえる海など、圧倒的な映像が観客を魅了した。

① アンケート調査**によって**学生たちの希望や不満を知ることができる。

② 最近人身事故**によって**鉄道が止まることが多い。

③ 円安が進む**によって**困る企業も出てくる。

④ ＿＿＿＿＿＿＿＿＿＿＿＿＿＿＿＿＿＿＿＿＿＿＿多くのことを学んだ。

---

2) ~**にわたって**　(~에 걸쳐서)
➡ 기간, 횟수, 장소의 범위를 나타내는 말과 함께 쓰인다.

❀ 宮崎監督は公式上映に集まった観客から５分間**にわたって**、総立ちの拍手を受けた。

① 私はこの地域を数回**にわたって**訪れ、有機栽培に関する研究を行っている。

② 新発売の時期に関する意見は多岐**にわたって**おり、なかなかまとまらない。

③ 大統領は今回、ヨーロッパからアメリカ大陸まで8カ国**にわたって**訪れ、南北関係について理解を求めた。

④ ＿＿＿＿＿＿＿＿＿＿＿＿＿＿＿＿＿＿＿＿＿＿＿実力を積み上げてきた。

3) ~**からすれば** (~로 볼 때)
➡ 평가나 판단의 근거를 나타낼 때 쓴다.

❀ 最近の製作ペース**からすれば**次回作は70歳ごろになりそうだ　。

① 彼の性格**からすれば**、そんなことで怒るはずがない。

② 彼女の言い方**からすれば**、私は彼女に嫌われているようだ。

③ あの態度**からすれば**、彼は一歩も譲らなさそうだ。

④ ____えらい人になりそうだ。

4) **むしろ** (오히려, 차라리)
➡ 생각 혹은 기대와는 반대라는 뜻으로 쓰인다.

❀ 1941年生まれで、最近の製作ペースからすれば次回作は70歳ごろになりそうだが、生み出す映像は**むしろ**若やいでおり、観客の、そして映画界の期待は大きい。

① 彼は天才というより**むしろ**変人である。

② この酒は、飲む温度や飲み方を変えればどんな料理にも合う、**むしろ**合わないものを探す方が難しいと思う。

③ 急ピッチで進む円安に、企業の警戒感は**むしろ**高まっている。

④ このことについては先生より____。

피드백으로 마무리하기

핵심표현 피드백 하기

밑줄 친 부분의 한국어에 해당하는 일본어를 쓰세요.

① _____________________力と父の魔法を解き放ちポニョは人間になる。

▎자신에게 숨겨진 힘과 아버지의 마법을 풀어 포뇨는 인간이 된다.

② _____________________子どものためのファンタジーに仕上げた。

▎생명력이 넘치는 아이들을 위한 판타지로 완성하였다.

③ 宮崎駿監督は「国民作家」の_____________________。

▎미야자키감독은 국민작가라는 이름에 걸맞다.

④ 宮崎監督は公式上映に集まった観客から5分間にわたって_____________________

_____________。

▎미야자키감독은 공식 상영에 모인 관객들에게 5분에 걸쳐 기립박수를 받았다.

 **핵심단어 피드백 하기**

다음 한자 읽는 방법(히라가나)과 그 뜻(한국어)을 쓰세요.

단어	히라가나	뜻
1. 崖		
2. 興行		
3. 津波		
4. 大胆		
5. 圧倒的		
6. 魅了		
7. 開催		
8. 出品		
9. 製作		
10. 老若男女		

よりあうココロ

생각해보기

茶道（さどう）

生け花（いばな）・華道（かどう）

お祭り（まつり）

盆踊り

短歌（たんか）

百人一首（ひゃくにんいっしゅ）

カルタ

① 日本の伝統文化には何がありますか。

② 俳句を一つ作ってみましょう。

일본문화 키워드

百人一首
ひゃくにんいっしゅ

　햐쿠닌잇슈(百人一首)란 가인(歌人) 100명의 와카를 1수씩 골라서 만든 노래집이다. 에도 시대에는 와카의 상구(上句)를 읽는 카드와 하구(下句)의 짝을 이루는 카드를 집어 많이 가진 사람이 이기는 놀이인 우타카루타(歌カルタ)에 이용되었다.

　현대에는 중·고등학교의 고전입문용으로 활용되고 있다. 그 이유는 정월(正月) 놀이의 하나로써 학생들에게 친숙하기 때문이기도 하고 짧은 노래 안에 고전의 어려운 문법이 함축적으로 다양하게 나타나 있기 때문이다. 여기에서 와카의 전통을 계승하려는 일본인들의 정신을 찾아볼 수 있다.

□ **和歌(わか)** : 일본의 옛 정형시로 5음(音)과 7음(音)으로 구성된다. 현재 와카라 하면 5·7·5·7·7의 5구(句) 31음으로 만들어진 단가(短歌)를 일컫는다. 내용은 사랑, 자연, 사계절 등이 주요 소재가 되고 작가의 감정이 정열적, 낭만적, 애상적으로 스스럼 없이 나타나는 서정시이다. 시의 5구(句)중 앞 부분의 5·7·5 구(句)를 상구(上句), 뒷부분의 7·7 구(句)를 하구(下句)라고 한다.

俳句
はい く

　하이쿠란 5·7·5 의 17음(音)으로 이루어진 일본의 시이다. 응축된 어휘로 재치 있게 표현하는 하이쿠는 일본 와카(和歌)와 함께 일본 시가문학의 커다란 장르를 이룬다.

　하이쿠에는 계절을 나타내는 단어인 기고(季語)와 구의 매듭을 짓는 말인 기레지(切れ字)가 반드시 포함되어야 한다. 기고를 보면 일본인들이 사계절을 얼마나 중요하게 여기며 생활하는 지 알 수 있다.

　하이쿠는 영어로도 만들어져 '하이쿠의 세계화'란 말까지 생겼으며, 일본에서는 대부분의 신문에서 독자들이 투고한 하이쿠를 게재하고 있다. 또한, 일본의 NHK에서는 1994년부터 'NHK 俳句'라는 하이쿠 프로그램을 방송하고 있다. 매주 주제를 발표하여 시청자들의 응모작 중 선발된 작품을 소개하고 하이쿠를 잘 짓는 방법 및 좋은 작품들을 시청자들에게 소개하기도 한다. 매년 1월에는 'NHK 전국 하이쿠대회'도 개최한다. 하이쿠는 근대에 만들어진 것이지만 이처럼 지금까지도 많은 사람들에게 사랑을 받고 있다.

본문 파악하기

よりあうココロ

　日本文化の非常に¹⁾大きな特徴というのは、古代の人々の遊びとかお呪いとか、そういう行事が、現在の人々の文学、芸術とのかかわり方にも大変深くつながりをもっているということだと思うのです。

　つまり、たとえば日本には、特に短歌とか俳句とか呼ばれている非常に短い詩形がございますが、この短い詩形を勉強しようとする人々は非常に大勢の人々が集まって結社というものを作り、そしてその結社のいちばん上には先生(指導者)がおります。そして、その先生が人々の作ってくる²⁾作品を削ったり付け加えたりする(添削)のが結社というものの普通のあり方になっております。

　それからまた人々は同人雑誌というものをたくさん作って、自分たちの費用によって雑誌を出しあいますが、この同人雑誌というものも、ある意味でいいますと、人々が寄り合いをしながら作っていく³⁾文学あるいは芸術の一つの形式を形成しております。

　日本文化には、もともと、先ほど申し上げたような大勢の人が寄り集まって、そこで楽しみながら同時に優劣を競うという伝統がはっきりあると思うのです。

　これは、たとえば、お正月に百人一首という遊びを日本人はするわけですが、そういう百人一首で遊ぶということにもあらわれてきます。 その意味では生活の中に芸術がとけ込んでいるということになります。

　日本人の生活には、 そういう意味で古代から持ちこされてきた寄り合うこころの流れが日常生活の中で詩を普通のものとして楽しみながら享受するということにもなり、 また、お茶や生け花のような、いわば、日常生活における芸術の世界の中にも寄り合う心の伝統が生き生きと流れている。

　日本人の生活様式の中にそういう精神の動きがあるということは、日本文化について考える場合には、見過ごすことのできない一つの要素ではないか[4]というふうに私は思います。

『日本のこころ』より

독해연습 해보기

1　본문 파악하기의 내용과 일치하는 것에 O를, 다른 것에 X를 표시하세요.

① 日本文化の特徴は古代人の行事が現在に至るまで深くつながりをもって
　いることだ。 …………………………………………………………………（　　）

② 詩形を勉強する人々は結社を作ってお互いに作品を削ったり付け加え
　たりする。 …………………………………………………………………（　　）

③ 日本文化には人が寄り集まって強制的に優劣を競う伝統がある。 ……（　　）

④ 日本人がお正月に百人一首という遊びをするのは、生活と芸術が
　調和していることを表わす一つの例である。 …………………………（　　）

⑤ 日本文化について考える場合、何も考慮する要素ははない。 ………（　　）

2　본문 파악하기를 읽고 밑줄에 적당한 말을 쓰세요.

① 詩形を勉強したい人々が集まって芸術の一つの形を成した例として＿＿＿＿
　＿＿＿＿＿＿＿＿＿＿がある。

② お正月の遊びである百人一首は＿＿＿＿＿＿＿＿＿＿＿＿＿＿＿伝統的な日本文
　化の表れである。

③ 結社のいちばん上には＿＿＿＿＿＿＿＿＿＿＿＿＿＿＿＿＿＿＿がいる。

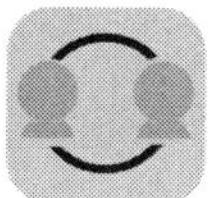

스마트 독해연습

글의 대의를 파악하면서 다음 밑줄을 완성하세요.

日本文化にはもともと、大勢の人が寄り集まって、そこで①________________

という伝統がある。また、日本人の生活の中に芸術がとけこんでいる例としては

お正月の遊びである②________________がある。このように日常生活における

芸術の世界の中にも③________________が生き生きと流れている。

주요어휘 확인해보기

□□　**特徴**(とくちょう) : 특징

□□　**古代**(こだい) : 고대

□□　**お呪**(まじな)い : 주문, 주술

□□　**行事**(ぎょうじ) : 행사

□□　**芸術**(げいじゅつ) : 예술

□□　**短歌**(たんか) : 일본 전통 시가 중 하나로, 5・7・5・7・7의 5구 31음으로 구성 됨

□□　**俳句**(はいく) : 5・7・5의 3구 17음절로 된 일본 고유의 짧은 시

□□　**詩形**(しけい) : 시형, 시의 형식

□□　**結社**(けっしゃ) : 결사, 여러 사람이 공동의 목적을 달성하기 위해 모인 단체

□□　**指導者(しどうしゃ)** : 지도자

□□　**削(けず)る** : 깎다, 삭제하다

□□　**付(つ)け加(くわ)える** : 덧붙이다, 첨가하다

□□　**添削(てんさく)** : 첨삭

□□　**日常生活(にちじょうせいかつ)** : 일상생활

□□　**同人雑誌(どうじんざっし)** : 동인지

□□　**費用(ひよう)** : 비용

□□　**優劣(ゆうれつ)** : 우열

□□　**競(きそ)う** : 겨루다, 다투다.

□□　**申(もう)し上(あ)げる** : 말씀 드리다(**言う**의 겸양어)

□□　**伝統(でんとう)** : 전통

□□　**百人一首(ひゃくにんいっしゅ)** : 고대 시인 100인의 **和歌(わか)**를 한 수씩 골라 모은 것

□□　**とけ込(こ)む** : 어울리다, 융화되다

□□　**寄(よ)り合(あ)う** : 한곳에 모이다. 집합하다

□□　**享受(きょうじゅ)する** : 향유하다

□□　**生(い)き生(い)き** : 생기가 넘치는 활기찬 모양

□□　**生活様式(せいかつようしき)** : 생활양식

□□　**見過(みす)ごす** : 못 본 체 내버려 두다. 간과하다

표현 익히기

---

1) 非常に　(대단히 / 상당히)
　➡ 「とても」「すごく」의 문어적인 표현으로 쓰인다.

❀ 日本の文化の**非常に**大きな特徴というのは、古代の人々の遊びとかお呪いとか、そういう行事が、～～大変深くつながりをもっているということであろう。

① 彼の論分は**非常に**優れた研究として、広く学界でも認められている。

② 企業に実際に自分を見てもらう前に不採用とされてしまうのは、**非常に**もったいないことだ。

③ 運転中ドライバーがスマートフォンを操作するのは**非常に**危険なので、ドライブ前にアプリを起動してチェックしておく必要がある。

④ 夢を実現するのは_______________________________________。

---

2) ～てくる　(～해 오다 / ～하게 되다)
　➡ 어떤 지점에서 뭔가를 하고 이동하는 것을 나타낼 때 쓰인다.(순차)

❀ その先生が人々の作っ**てくる**作品を削ったり付け加えたりする(添削)のが結社というものの普通のあり方になっている。

① 僕がドアの鍵を開け**てくる**よ。

② いすを持っ**てきて**ください。

③ 空港へ友人を見送りに行っ**てきた**。

④ あした森さんのお見舞いにいくので_______________________________________。

3) ~**ていく** (~해 지다 / ~해 가다)

➡ 보조동사로 쓰여 변화과정, 진행, 계속 등을 나타낼 때 쓰인다.

❀ これがもう少し日常生活の中にひろがっ**ていく**と、お茶や生け花のようなものがある。

① これからは一緒に仲良(なかよ)くやっ**ていき**ましょう。

② コンビニを利用する中で、「便利」の意味や生活の質(しつ)が変わっ**ていく**のだろう。

③ 日本では子どもの数がだんだん減っ**ていく**だろうといわれている。

④ 最近＿＿＿＿＿＿＿＿＿＿＿＿＿＿＿＿＿＿＿ひとが多いので困っている。

4) ~**ではないか** (~는 아닐까?)

➡ 화자의 판단을 나타내며 상대방에게 자기의 판단에 대한 동의를 구할 때 쓰인다.

❀ 日本人の生活様式の中にそういう精神の動きがあるということは見過ごすことのできない一つの要素**ではないか**。

① 最近の生活はコンピューターに頼(たよ)りすぎているの**ではないか**。

② もしかして私は幼馴染(おさななじ)みの彼にだまされているの**ではないか**。

③ あの人、おしゃれだからビールよりはワインの方が好き**ではないか**。

④ 時代が大きく変わらない限り、就職難は＿＿＿＿＿＿＿＿＿＿＿＿＿＿＿＿＿。

피드백으로 마무리하기

핵심표현 피드백 하기

밑줄 친 부분의 한국어에 해당하는 일본어를 쓰세요.

① 生活の中に芸術が＿＿＿＿＿＿＿＿＿＿＿＿＿＿ということになります。

┃ 생활 속에 예술이 융화되어 있는 셈이 됩니다.

② 先生が人々の作ってくる作品を削ったり＿＿＿＿＿＿＿＿＿＿＿＿する。

┃ 선생님이 사람들이 만들어 오는 작품을 줄이거나 덧붙이기도 한다.

③ 現在の人々の文学、芸術とのかかわり方にも大変深く＿＿＿＿＿＿＿

＿＿＿＿＿＿。

┃ 현재 사람들의 문학, 예술과의 관계에도 매우 깊은 관련성을 갖고 있다.

④ 寄り合う心の伝統が＿＿＿＿＿＿＿＿＿＿＿＿＿＿流れている。

┃ 함께 하는 마음의 전통이 생생하게 이어지고 있다.

 **핵심단어 피드백 하기**

다음 한자 읽는 방법(히라가나)과 그 뜻(한국어)을 쓰세요.

단어	히라가나	뜻
1. 行事		
2. 指導者		
3. 日常生活		
4. 百人一首		
5. 生活様式		
6. 享受		
7. 普通		
8. 会員		
9. 要素		
10. 見過ごす		

제 9 과

ウチとソト

생각해보기

① 日本ではどんな時に敬語を使うと思いますか。

② あなたのくにでは人間関係によって言い方がどう変わりますか。

일본문화 키워드

우치(ウチ)와 소토(ソト)와 요소(ヨソ)

일본인들이 대인관계에 있어서 중요하게 여기는 것 중 하나가 우치(ウチ)와 소토(ソト)이다. 우치는 부모와 자식, 직장 상사, 부하, 동료 등 개인이 속한 집단으로, 자기와 혈연 및 친분관계가 있는 가까운 집단을 말한다. 반면 소토는 자기와 관련이 없는 외부세계를 가리키며 타인의 세계를 말한다. 그 구분은 자기와 엔료(遠慮)가 있는 관계인가 아닌가에 따라 결정되는데 엔료란 타인에게 말이나 행동을 조심스럽게 하는 것을 말한다. 즉, 엔료를 하지 않아도 되는 친한 사이를 우치, 엔료를 고려해야 하는 서먹한 사이를 소토라고 할 수 있다. 따라서 우치의 집단에 있는 사람들과는 동료의식을 가지고 화합(和)하지만 소토의 사람들에게는 배타적이다.

이러한 대인관계는 공과 사의 구분에 혼동을 가져오기도 하며, 개인이나 그 집단을 초월하는 공공성 부족으로 이어진다. 우치란 개인자체를 가리키는 것이 아니라 개인이 속한 집단을 가리키므로 독립된 개인의 사적인 영역은 인정하지 않는다. 이와 같이 일본인들은 우치와 소토를 구분하지만 공과 사를 구분하지 않기 때문에 학벌, 재벌, 군벌 등 파벌이 번창하게 되었다.

또한, 일본인은 인간관계를 항상 우치와 소토로 구분하며 그것에 따라 행동기준을 정하고 따른다. 옛날에는 마을공동체에 외부에서 새로 들어 온 사람을 요소노모노(ヨソのもの)라 하여 차별하였으며, 오랫동안 이들에게 마을구성원의 자격을 부여하지 않았다고 한다. 이것은 지역공동체의 배타성, 폐쇄성을 보여 주는 일면으로 현재까지도 일본인 대인관계의 근간이 되는 것으로, 우치와는 운명공동체로서 화합하며 지내고 소토와는 배타적 관계를 유지하며, 요소(ヨソ)는 무시한다.

☐ 우치(ウチ) : 자기가 소속된 그룹(학교, 회사, 조직, 가족 등)의 사람
☐ 소토(ソト) : 자기 그룹 밖의 외부세계의 사람
☐ 요소(ヨソ) : 나와 관계가 없는 무시할 수 있는 세계의 사람

ウチとソトとヨソ

　昔の人はウチのものには親しみのあるくだけた言葉を使い、ソトのものには敬語を使い、ヨソのものは「ヨソ者」だからコミュニケーションせずに無視した。同じ電車に乗り合わせた乗客は何も問題が起こらなければ物体として無視できるヨソであるが、話をしたり文句を言ったりするような関係が生じた時点でソトのものになる。

　いまの日本人の礼儀語不足は、ウチ・ソト・ヨソ認識に狂いが生じたことが原因と考えられる。ヨソのものがソトのものになっているのに、態度や言葉は依然としてヨソ扱いのままなのである。それが言うべき[1]言葉をいえない理由である。

　日本人は有史以来上下関係の中で生きてきた。その中で、上位者には敬語を使い、下位者には使わないという原則の中でコミュニケーションを行い、うまく人間関係を構築してきた。現代の日本人は平等意識が非常に高いので、ある程度付き合って親しくなると、上下関係が自動的に消滅し、ついでに²⁾敬語も敬意もなくなってしまうことが往々にしてある。

逆に相手を上位者として扱うということは、自分から遠ざけることであるから、親しい相手にはかえって水くさいと受け取られたりする。

　良好な人間関係はいかに³⁾多くのソトの人を持つかにかかっている。気心の知れた友人が少数しかいないのは当たり前であって、単純に友人の多い少ないで人間関係のよしあしをはかることなどできはしない。だから、良好な人間関係を構築するには、まず自分の不安を克服すること、まわりを味方で固めなくてもだいじょうぶだけの確固たる⁴⁾自我を確立することである。そうすれば、少数のウチ以外の人は大切なソトの人間として丁重に扱わなければならないという気持ちになるだろう。

『敬語で解く日本の平等・不平等』より

독해연습 해보기

1　본문 파악하기의 내용과 일치하는 것에 O를, 다른 것에 X를 표시하세요.

① いまの日本人の礼儀語不足は、ウチ・ソト・ヨソ認識に狂いが生じたた
めである。 ……………………………………………………………………………（　　）

② いい人間関係はいかに多くのヨソの人を持つかにかかっている。 ……（　　）

③ 昔の人はウチのものには親しみのあるくだけた言葉を使い、ヨソやソトの
ものには敬語を使っていた。 ……………………………………………………（　　）

④ 現代社会において、相手と親しくなっても上位者として扱うことは礼儀
正しいことなので相手に喜ばれる。 …………………………………………（　　）

⑤ 同じ電車に乗った乗客でも関係が生じるとソトのものになれる。 ………（　　）

2　본문 파악하기를 읽고 밑줄에 적당한 말을 쓰세요.

① いまの日本人が言うべき言葉をいえない理由はヨソのものがソトのものになっ
ているのに、＿＿＿＿＿＿＿＿＿＿＿＿＿＿＿＿＿＿＿＿＿＿だからである。

② 日本人は＿＿＿＿＿＿＿＿＿＿＿＿＿＿＿＿＿という原則の下、上下関係の中で
生きてきた。

③ 現代日本人は＿＿＿＿＿＿＿＿＿＿＿＿＿＿＿＿＿ので、親しくなると上下関係
が自然になくなることが多い。

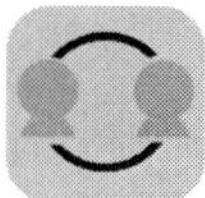

스마트 독해연습

글의 대의를 파악하면서 다음 밑줄을 완성하세요.

いまの日本人の礼儀語不足は、①＿＿＿＿＿＿＿＿＿＿＿＿＿＿＿ことが原因である。

良好な人間関係を構築していくには、②＿＿＿＿＿＿＿＿＿＿＿＿＿が大切で

ある。そのため、まず③＿＿＿＿＿＿＿＿＿＿＿＿＿こと、まわりを味方で固め

なくてもだいじょうぶだけの④＿＿＿＿＿＿＿＿＿＿＿ことが求められる。

주요어휘 확인해보기

□ □　**くだける** : 허물없다, 스스럼없다

□ □　**敬語(けいご)** : 경어, 높임말

□ □　**無視(むし)** : 무시

□ □　**乗客(じょうきゃく)** : 승객

□ □　**物体(ぶったい)** : 물체

□ □　**文句(もんく)** : 문구, 어구

□ □　**生(しょう)じる** : 생기다, 일어나다, 발생하다

□ □　**不足(ふそく)** : 부족

□ □　**認識(にんしき)** : 인식

□□ 原因(げんいん) : 원인

□□ 態度(たいど) : 태도

□□ 依然(いぜん) : 여전히

□□ 以来(いらい) : 이래, 이후

□□ 上下(じょうげ) : 상하

□□ 上位者(じょういしゃ) : 상위자, 윗사람

□□ 下位者(かいしゃ) : 하위자, 아랫사람

□□ 原則(げんそく) : 원칙

□□ 構築(こうちく) : 구축

□□ 平等(びょうどう) : 평등

□□ 意識(いしき) : 의식

□□ 程度(ていど) : 정도

□□ 消滅(しょうめつ) : 소멸

□□ 良好(りょうこう) : 양호

□□ 当(あ)たり前(まえ) : 당연함, 마땅함

□□ 単純(たんじゅん) : 단순

□□ 味方(みかた) : 우리 편, 아군

□□ 克服(こくふく) : 극복

□□ 確立(かくりつ) : 확립

표현 익히기

---

1) ~べき (~해야 할)
➡ 'べき＋명사'의 형태로 당연히 해야 할 일이라는 뜻을 나타낼 때 쓰인다.

❀ それが言う**べき**言葉をいえない理由である。

① 日曜日にはやる**べき**ことが多い。

② これから目指す**べき**社会像について考えてみたいと思います。

③ 両国の間には解決す**べき**課題が多い。

④ 外国語が上達するには＿＿＿＿＿＿＿＿＿＿＿＿＿＿＿＿＿＿＿＿＿＿。

---

2) ついでに (~하는 김에　/기회에　/겸사겸사)
➡ 어떤 일을 하는 기회를 이용하여 추가로 다른 행위도 한다는 뜻으로 쓰인다.

❀ ある程度付き合って親しくなると、上下関係が自動的に消滅し、**ついでに**敬語も敬意もなくなってしまうことが往々にしてある。

① **ついでに**やってしまおう。

② **ついでに**もう一つ例をあげましょう。

③ 北海道へ行く**ついでに**スキーをしてきます。

④ ＿＿＿＿＿＿＿＿＿＿＿＿＿＿＿＿＿＿＿＿林さんに会ってきます。

3) いかに (얼마나)

➡ 정도가 심함을 나타내는 말로 '얼마나~인지, ~한지'의 뜻으로 쓰인다.

❀ 良好な人間関係は**いかに**多くのソトの人を持つかにかかっている。

① 遠く離れてみると、彼女が**いかに**私の心の支えになっていたかがわかった。

② 一人暮らしをしてはじめて家族が**いかに**大切かがわかった。

③ 留学して、一人で暮らすのが**いかに**大変かを実感した。

④ ＿＿＿＿＿＿＿＿＿＿＿＿＿＿＿＿＿＿＿＿＿＿誰にもわかるまい。

4) ~たる (~되는/~인)

➡ 문어적인 표현으로 '~에 어울리는'이라는 뜻으로 쓰인다.

❀ まわりを味方で固めなくてもだいじょうぶだけの確固**たる**自我を確立することである。

① 国家の指導者**たる**者は緊急の際にすばやい判断ができなければならない。

② 大人**たる**者は、自分の行動には責任はもたなければならない。

③ 教師**たる**者は、すべてにおいて生徒の模範とならなければならないとここに書いてある。

④ ＿＿＿＿＿＿＿＿＿＿＿＿＿＿＿＿＿＿＿＿＿はやく来るべきである。

피드백으로 마무리하기

핵심표현 피드백 하기

밑줄 친 부분의 한국어에 해당하는 일본어를 쓰세요.

1 話をしたり＿＿＿＿＿＿＿＿＿＿＿＿＿＿＿する。

　▎이야기를 하거나 불만을 말하기도 한다.

2 態度や言葉は＿＿＿＿＿＿＿＿＿＿＿ヨソ扱いのままなのである。

　▎태도나 말은 여전히 남(요소)취급을 하는 것이다.

3 親しい相手にはかえって＿＿＿＿＿＿＿＿＿＿＿＿と受け取られたりする。

　▎친한 상대에게는 오히려 서먹서먹하다고 여겨지기도 한다.

4 単純に友人の多い少ないで人間関係の＿＿＿＿＿＿＿＿＿ことなどできは
しない。

　▎단순히 친구가 많고 적음으로 인간관계의 좋고 나쁨을 심삭하는 것은 불가능
　하다.

핵심단어 피드백 하기

다음 한자 읽는 방법(히라가나)과 그 뜻(한국어)을 쓰세요.

단어	히라가나	뜻
1. 認識		
2. 上下		
3. 原則		
4. 構築		
5. 確立		
6. 平等		
7. 味方		
8. 良好		
9. 程度		
10. 確固		

제10과

ぶんがくとカネ

생각해보기

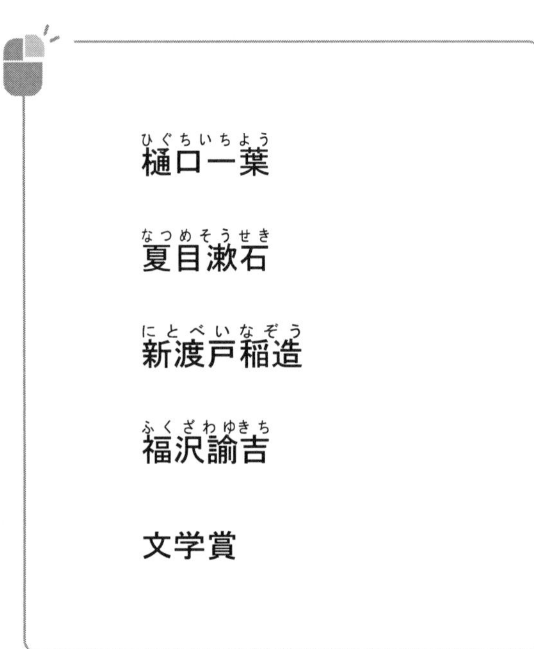

① ノーベル文学賞を受賞した日本の作家について話してみましょう。

② 日本のお札に登場した人物を調べて話してみましょう。

일본문화 키워드

夏目漱石
(なつめそうせき)

　영문학자였던 나쓰메소세키(夏目漱石)는 교사생활을 하다가 영국으로 유학을 갔다. 귀국 후 「我輩は猫である」를 잡지 호토토기스(ホトトギス)에 발표하였는데 이것이 호평을 받아 세상에 알려지게 되었다. 이 작품은 런던 유학시절의 경험을 바탕으로 지식인과 근대 일본의 성격을 날카롭게 비판하여 참신한 문학의 지평을 열었다는 평가를 받았다. 그 후 아사히신문(朝日新聞)사에 입사하여 많은 장편 소설을 연재하는 등 소설가로서의 지위를 확고히 다졌다. 그의 작품세계는 초기에는 풍자적이고 공상적인 작품이 많았으나, 차츰 현실적으로 바뀌어 인간의 이기심을 소재로 한 작품들을 다루었다. 유명한 작품으로는 「坊っちゃん」「草枕」「それから」「こころ」「三四郎」「明暗」「虞美人草」 등이 있으며, 일본을 대표하는 근대작가로 1984년부터 2004년까지 천 엔 지폐에도 실릴 정도로 현재도 많은 사랑을 받고 있다.

　또한 그의 사상과 윤리관 등은 후대 일본의 많은 근 현대 작가들에게 영향을 주었으며 그의 문화생으로는 아쿠타가와류노스케(芥川龍之介) 등이 있다.

 본문 파악하기

ぶんがくとカネ

　現代社会の中で、お金のことで悩まない人はまずいないと思います。家庭内のトラブル、人間関係のトラブル、仕事のトラブル、犯罪に至るまで[1]、深刻な問題には必ずと言ってもいいほどお金の問題がまとわりついています。

　トラブルのもとになるだけでなく、トラブル解決の救世主になるもの、またお金だったりします。言ってみれば「たかが[2]金、されど金」で、人間が生きていくうえで[3]絶対についてまわるのが「お金」です。

　そのように誰にとっても決して無縁ではいられないはずなのに世の中には「表立って金の話をするのは下品である」といった空気が抜きがたくあります。そのせいか、経済小説以外の日本文学、とりわけ純文学の中で、お金が重要なモチーフの作品はそう多くはありません。あるいは、「お金は小説の素材になりにくい」という思いこみがあるのでしょうか。

　ところが、夏目漱石の場合は、お金が多くの小説のキーワードとなっていて、そこが他の作家と違うところです。そして、登場人物の中に必ずといっていいほど[4]「鼻持ちならない俗物の資産家」が出てくるのが、漱石文学の特徴と言えます。

　しかし、それこそが、漱石の時代を読む批評眼でもあるのです。十九世紀末から二十世紀のとば口にかけて資本主義は質的に変容し、日本だけでなく世界中で露骨に本性をあらわしつつありました。漱石はその様相に目を凝らしていたのです。

　漱石は資本主義がこれほど変質するかなり前の時代に生きていましたが、それでもお金が持つ「危うさ」を察知していて、深刻に見ていたと思います。

　お金を生み出すためだけの資本主義の問題点は、マネーの冒険者たちだけでなく、「お金にかかわって生きているすべての人」の人間性をねじ曲げてしまう可能性があることです。だからこそ、漱石はしつこいほど「お金をめぐる人間の姿」を書いたのではないでしょうか。

『悩む力』より

 ## 독해연습 해보기

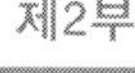 **1** 본문 파악하기의 내용과 일치하는 것에 O를, 다른 것에 X를 표시하세요.

① 人間が生きていくうえでお金の問題は必ずかかわっている。 …………（　　）

② 日本の近代文学の中でお金が重要なモチーフの作品は多い。 ………（　　）

③ 漱石文学の特徴はお金が多くの小説のキーワードとなっていることだ。（　　）

④ 漱石は資本主義の問題点は人間性をねじ曲げてしまう可能性がある
と言っている。 ……………………………………………………………（　　）

⑤ 漱石は資本主義の危うさを予測していた。 ……………………………（　　）

2 본문 파악하기를 읽고 밑줄에 적당한 말을 쓰세요.

① 現代社会の中で、深刻な問題には必ずと言ってもいいほど＿＿＿＿＿＿＿＿
＿＿＿＿＿＿＿＿＿＿＿＿＿＿＿＿ている。

② 夏目漱石が他の作家と違うところは、＿＿＿＿＿＿＿＿＿＿＿＿＿＿＿＿＿
となっていることである。

③ 日本の文学作品の中で、お金がモチーフになる作品が多くないのは表立って
＿＿＿＿＿＿＿＿＿＿＿＿＿＿＿＿＿＿＿＿＿＿＿＿＿＿＿＿＿＿と思われ
るからだ。

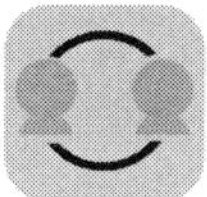

스마트 독해연습

글의 대의를 파악하면서 다음 밑줄을 완성하세요.

日本文学、とりわけ純文学の中で、お金が重要なモチーフになる作品は多くない。ところが、夏目漱石はお金を多くの① ＿＿＿＿＿＿＿＿＿＿＿＿＿＿＿に取り上げている。それは漱石が資本主儀の変質、特に② ＿＿＿＿＿＿＿＿＿を察知していたからである。だからこそ漱石はしつこいほど③ ＿＿＿＿＿＿＿人間の姿を書いたのであろう。

주요어휘 확인해보기

□ □ 　犯罪(はんざい) : 범죄

□ □ 　まとわりつく : 착 달라 붙다

□ □ 　解決(かいけつ) : 해결

□ □ 　救世主(きゅうせいしゅ) : 구세주

□ □ 　たかが : 기껏, 겨우, 고작

□ □ 　絶対(ぜったい)に : 절대로

□ □ 　表立(おもてだ)つ : 두드러지다

□ □ **下品(げひん)** : 품위가 없음. 천함

□ □ **抜(ぬ)きがたい** : 아무래도 없앨 수 없다

□ □ **素材(そざい)** : 소재

□ □ **作家(さっか)** : 작가

□ □ **登場人物(とうじょうじんぶつ)** : 등장인물

□ □ **鼻持(はなも)ちならない** : 역겹다, 아니꼽다

□ □ **俗物(ぞくぶつ)** : 속물

□ □ **資産家(しさんか)** : 자산가

□ □ **批評眼(ひひょうがん)** : 비평안, 비평능력

□ □ **世紀(せいき)** : 세기

□ □ **資本主義(しほんしゅぎ)** : 자본주의

□ □ **変容(へんよう)** : 변용, 변모

□ □ **露骨(ろこつ)に** : 노골적으로

□ □ **本性(ほんしょう)** : 본성

□ □ **様相(ようそう)** : 양상

□ □ **凝(こ)らす** : 집중시키다

□ □ **冒険(ぼうけん)** : 모험

□ □ **ねじまげる** : 비틀어 구부리다, 왜곡하다

표현 익히기

---

1) ~に至るまで　(~까지도 /~ 에 까지)
> ➡ 문어적인 표현으로 '범위가 어느 단계에 이르렀다'라는 뜻으로 쓰인다.

❀ 家庭内のトラブル、人間関係のトラブル、仕事のトラブル、犯罪**に至るまで**、お金の問題がまとわりついている。

① 彼女はとんとん拍子で出世をつづけ、やがて大統領**に至るまで**成功した。

② 大昔から現代**に至るまで**、火は我々の生活に役立っている。

③ 身近なごみ問題から国際経済の問題**に至るまで**、面接試験の質問内容は実にいろいろだった。

④ ＿＿＿＿＿＿＿＿＿＿＿＿＿＿＿＿＿＿＿＿＿＿＿問題にするのは大げさだろう。

---

2) たかが　(겨우/고작/기껏해야)
> ➡ 정도, 질, 수량 등이 부족하거나 가치가 없다는 뜻으로 쓰인다.

❀ 言ってみれば「**たかが**金、されど金」で、人間が生きていくうえで絶対についてまわるのが「お金」です。

① **たかが**一泊の旅行のためにそんな大きなカバンは要らないよ。

② **たかが**皿一枚に10万円もするなんておかしいと思う。

③ かしこいと言っても**たかが**子どもだから、いちいち怒らないでほしい。

④ ＿＿＿＿＿＿＿＿＿＿＿＿＿＿＿＿＿＿＿＿＿ぐらいで泣くなんて情けない。

3) ~**うえで**　(~하는데 있어/~하는 가운데)
➡ '~과정 속에서'라는 뜻으로 쓰인다.

❀ 人間が生きていく**うえで**絶対についてまわるのが「お金」です。

① ジョギングを続ける**うえで**重要な秘訣は決して無理をしないことだ。

② 外国で生活する**うえで**一番困るのが、地元の食べ物が口に合わないことだ。

③ 人間が生きていく**うえで**、一番大切なのは何だと思われますか。

④ ＿＿＿＿＿＿＿＿＿＿＿＿＿＿＿＿＿＿＿＿その人を判断するようにしている。

4) ~**ほど**　(~정도)
➡ 동작이나 상태의 정도를 비유, 강조할 때 쓰인다.

❀ 登場人物の中に必ずといっていい**ほど**「鼻持ちならない俗物の資産家」が出てくるのが、漱石の文学の特徴ともいえる。

① 昨日は山登りに行って、もう一歩も歩けない**ほど**疲れた。

② 海辺がまっ白に見える**ほど**カモメがいた。

③ いじめはこどもにとっては死にたい**ほど**のつらい経験なのかも知れない。

④ ＿＿＿＿＿＿＿＿＿＿＿＿＿＿＿＿＿＿＿＿＿＿＿幸せを感じた。

피드백으로 마무리하기

핵심표현 피드백 하기

밑줄 친 부분의 한국어에 해당하는 일본어를 쓰세요.

1 深刻な問題には＿＿＿＿＿＿＿＿＿＿＿＿お金の問題がまとわりついています。

▌심각한 문제에는 반드시 라고 해도 좋을 정도로/꼭 돈 문제가 얽혀 있습니다.

2 表立って金の話をするのは＿＿＿＿＿＿＿＿＿＿＿＿＿＿。

▌대놓고 돈 이야기를 하는 것은 품위가 없다.

3 漱石はその様相に＿＿＿＿＿＿＿＿＿＿＿＿いたのです。

▌소세키는 그 양상에 집중했던 것입니다.

4 人間性を＿＿＿＿＿＿＿＿＿＿＿＿＿＿＿しまう。

▌인간성을 왜곡시켜 버린다.

 **핵심단어 피드백 하기**

다음 한자 읽는 방법(히라가나)과 그 뜻(한국어)을 쓰세요.

단어	히라가나	뜻
1. 犯罪		
2. 救世主		
3. 経済		
4. 素材		
5. 登場人物		
6. 俗物		
7. 資産		
8. 批評		
9. 露骨		
10. 冒険		

부록

제1과　メール

▶ 독해연습

1) ① (×)　② (○)　③ (×)　④ (○)　⑤ (×)
2) ① 携帯やインターネットのメール　② カタチで示してほしい
　　③ 不確かなメディア

▶ 스마트 독해연습

メール、若者、カタチ、信頼、不確かなメディア

▶ 피드백

• 핵심표현 피드백 하기
1. 行ってしまう
2. あるだろう
3. あるようだ
4. とはいえ

• 핵심단어 피드백 하기

단어	히라가나	뜻	단어	히라가나	뜻
1. 知人	ちじん	지인	6. 出現	しゅつげん	출현
2. 若者	わかもの	젊은이	7. 信頼	しんらい	신뢰
3. 真剣	しんけん	진지함	8. 認知	にんち	인지
4. 途中	とちゅう	도중	9. 余地	よち	여지
5. 操作	そうさ	조작	10. 最強	さいきょう	최강

제2과　うどんとそば

▶ 독해연습

1) ① (×)　② (○)　③ (×)　④ (×)　⑤ (×)
2) ① 近くにそばの産地が多かった　② 肉体労働者が多かった
　　③ だしづくりの技術が進んだ

▶ 스마트 독해연습

麺類、うどん、関東、そば、関西

▶ 피드백

• 핵심표현 피드백 하기
　1. にくらべ
　2. いずれにしても
　3. ところで
　4. といえども

• 핵심단어 피드백 하기

단어	히라가나	뜻	단어	히라가나	뜻
1. 傾向	けいこう	경향	6. 労働	ろうどう	노동
2. 発達	はったつ	발달	7. 原料	げんりょう	원료
3. 安価	あんか	염가	8. 都会的	とかいてき	도회적
4. 事情	じじょう	사정	9. 完成	かんせい	완성
5. 発展	はってん	발전	10. 海運	かいうん	해운

제3과 おくりもの

▶ **독해연습**

2) ① (×)　② (×)　③ (○)　④ (○)　⑤ (○)

3) ① コミュニケーション　② 日常のちょっとした贈り物　③ 身についている。

▶ **스마트 독해연습**

贈り物、大人、若者、コミュニケーション、好意

▶ **피드백**

• 핵심표현 피드백 하기
  1. にくい
  2. になると
  3. に対しても
  4. かもしれない

• 핵심단어 피드백 하기

단어	히라가나	뜻	단어	히라가나	뜻
1. 分析	ぶんせき	분석	6. 唐突	とうとつ	뜻밖
2. 高度	こうど	고도	7. 伝達	でんたつ	전달
3. 実用	じつよう	실용	8. 漠然	ばくぜん	막연
4. 賄賂	わいろ	뇌물	9. 頻繁	ひんぱん	빈번
5. 便宜	べんぎ	편의	10. 警戒	けいかい	경계

제4과　わとあいさつ

▶ 독해연습

2) ① (○)　② (○)　③ (×)　④ (○)　⑤ (×)

3) ①人と仲良くすること　②軽い尊敬の気持ち　③ちょっとそこまで

▶ 스마트 독해연습

日本人、和、「ね」、挨拶、同じ気持ち

▶ 피드백

• 핵심표현 피드백 하기

1. しなくてはいけない

2. なにかと

3. ことがある

4. つまり

• 핵심단어 피드백 하기

단어	히라가나	뜻	단어	히라가나	뜻
1. 精神	せいしん	정신	6. 挨拶	あいさつ	인사
2. 承知	しょうち	알고있음	7. 秘密	ひみつ	비밀
3. 意見	いけん	의견	8. 正直	しょうじき	정직
4. 必要	ひつよう	필요	9. 根底	こんてい	근저
5. 憲法	けんぽう	헌법	10. 尊敬	そんけい	존경

제5과　おしょうがつ

▶ 독해연습

2) ① (×)　② (×)　③ (×)　④ (○)　⑤ (×)

3) ① 棒で空気を抜いた　② 捧げる供物　③ まめにくらせる

▶ 스마트 독해연습

新年、初詣、元日、お節料理、お雑煮

▶ 피드백

• 핵심표현 피드백 하기

1. 大晦日の夜から元日の朝にかけて
2. もともとは
3. あるいは
4. 過ごしたいものです

• 핵심단어 피드백 하기

단어	히라가나	뜻	단어	히라가나	뜻
1. 元日	がんじつ	설날	6. 物音	ものおと	소리
2. 洗濯	せんたく	세탁	7. 縮小	しゅくしょう	축소
3. 子孫	しそん	자손	8. 豊作	ほうさく	풍작
4. 風習	ふうしゅう	풍습	9. 縁起	えんぎ	운수
5. 地方	ちほう	지방	10. 清潔	せいけつ	청결

제6과   ほほえみ

▶ 독해연습

1) ① (○)   ② (×)   ③ (○)   ④ (×)   ⑤ (○)

2) ① ほほえみという詩との出合い   ② ほほえみ

　　③ 立派な環境破壊 / 立派なエコ

▶ 스마트 독해연습

① きっかけ   ② 笑顔でいると   ③ 他人の心を癒す力   ④ 立派なエコ

▶ 피드백

• 핵심표현 피드백 하기

1. 思いやりとしての

2. ということ

3. 心を癒す

4. 人の心をむしばむ

• 핵심단어 피드백 하기

단어	히라가나	뜻	단어	히라가나	뜻
1. 笑顔	えがお	미소	6. 解決	かいけつ	해결
2. 転換	てんかん	전환	7. 報告	ほうこく	보고
3. 価値	かち	가치	8. 不機嫌	ふきげん	언짢음
4. 不愉快	ふゆかい	불쾌	9. 汚染	おせん	오염
5. 物事	ものごと	사물, 일	10. 環境破壊	かんきょうはかい	환경파괴

제7과   アニメ

▶ 독해연습

1) ① (×)   ② (×)   ③ (○)   ④ (×)   ⑤ (×)
2) ① 絵を動かす   ② 立ち上がって   ③ 老若男女

▶ 스마트 독해연습

①「人魚姫」   ② 生命力に満ちた子ども   ③ 存在感

▶ 피드백

• 핵심표현 피드백 하기

1. 自らに秘められた
2. 生命力に満ちた
3. 名にふわさしい
4. 総立ちの拍手を受けた

• 핵심단어 피드백 하기

단어	히라가나	뜻	단어	히라가나	뜻
1. 崖	がけ	벼랑	6. 魅了	みりょう	매료
2. 興行	こうぎょう	흥행	7. 開催	かいさい	개최
3. 津波	つなみ	해일	8. 出品	しゅっぴん	출품
4. 大胆	だいたん	대담	9. 製作	せいさく	제작
5. 圧倒的	あっとうてき	압도적	10. 老若男女	ろうにゃくなんにょ	남녀노소

제8과　よりあうココロ

▶ 독해연습

1) ① (○)　② (×)　③ (×)　④ (○)　⑤ (×)

2) ① 同人雑誌　② 大勢の人が集まって優劣を競う　③ 先生(指導者)

▶ 스마트 독해연습

① 楽しみながら同時に優劣を競う　② 百人一首　③ 寄り合う心の伝統

▶ 피드백

• 핵심표현 피드백 하기

1. とけ込んでいる

2. 付け加えたり

3. つながりをもっている

4. 生き生きと

• 핵심단어 피드백 하기

단어	히라가나	뜻	단어	히라가나	뜻
1. 行事	ぎょうじ	행사	6. 享受	きょうじゅ	향유
2. 指導者	しどうしゃ	지도자	7. 普通	ふつう	보통
3. 日常生活	にちじょうせいかつ	일상생활	8. 会員	かいいん	회원
4. 百人一首	ひゃくにんいっしゅ	햐쿠닝잇슈	9. 要素	ようそ	요소
5. 生活様式	せいかつようしき	생활양식	10. 見過ごす	みすごす	간과하다

제9과 ウチとソト

▶ 독해연습

1) ① (○) ② (×) ③ (×) ④ (×) ⑤ (○)

2) ① 態度や言葉は依然としてヨソ扱いのまま

   ② 上位者には敬語を使い、下位者には使わない

   ③ 平等意識が非常に高い

▶ 스마트 독해연습

① ウチ・ソト・ヨソ認識に狂いが生じた ② 多くのソトの人を持つこと

③ 自分の不安を克服する ④ 確固たる自我を確立する

▶ 피드백

• 핵심표현 피드백 하기

1. 文句を言ったり

2. 依然として

3. 水くさい

4. よしあしをはかる

• 핵심단어 피드백 하기

단어	히라가나	뜻	단어	히라가나	뜻
1. 認識	にんしき	인식	6. 平等	びょうどう	평등
2. 上下	じょうげ	상하	7. 味方	みかた	편
3. 原則	げんそく	원칙	8. 良好	りょうこう	양호
4. 構築	こうちく	구축	9. 程度	ていど	정도
5. 確立	かくりつ	확립	10. 確固	かっこ	확고

제10과　ぶんがくとカネ

▶ 독해연습

1) ① (○)　② (×)　③ (○)　④ (×)　⑤ (○)

2) ① お金の問題がまとわりつい　② お金が多くの小説のキーワード

　　③ 金の話をするのは下品である

▶ 스마트 독해연습

① 小説のキーワード　② お金が持つ「危うさ」　③ お金をめぐる

▶ 피드백

• 핵심표현 피드백 하기

　1. 必ずと言ってもいいほど

　2. 下品である

　3. 目を凝らして

　4. ねじ曲げて

• 핵심단어 피드백 하기

단어	히라가나	뜻	단어	히라가나	뜻
1. 犯罪	はんざい	범죄	6. 俗物	ぞくぶつ	속물
2. 救世主	きゅうせいしゅ	구세주	7. 資産	しさん	자산
3. 経済	けいざい	경제	8. 批評	ひひょう	비평
4. 素材	そざい	소재	9. 露骨	ろこつ	노골적
5. 登場人物	とうじょうじんぶつ	등장인물	10. 冒険	ぼうけん	모험

제1과   메일

휴대전화나 인터넷 메일에 의해 젊은이의 교제는 결정적으로 바뀌었다. 지인 중 한 사람이 전철을 탔을 때, 앞에 앉아 있는 젊은 여성이 메일을 주고 받는데 열중하고 있었다. 그것 만이라면 신기한 일도 아니지만 그 여성은 그 때 일련의 메일로 뭔가 중요한 것을 주고 받고 있었는지 처음에는 심각한 얼굴이었던 것이 도중에 울상이 되었고, 그 뒤에 환한 미소로 바뀌었다고 한다. 그와 같이, 휴대전화나 인터넷 메일이 있으면 젊은이는 간단한 손 조작으로 그곳에 눈 앞의 현실보다도 중요하고 리얼한 세계를 출현시켜 문자 그대로 그곳에 가 버릴 수 있다.

그럼 메일의 보급에 의해 젊은이에게 현실 따위는 어떻게 되든 상관 없는 것이 되어 버렸을까? 아무래도 그런 건 아닌 것 같다. 젊은이와 이야기 하다 보면 중요한 화제로 접어 들었을 때 '그럼 나머지는 메일로' 라는 말을 들을 때가 있다. 여기에는 '상대의 얼굴을 보면서 중요한 일을 결정하는 것은 마음이 무겁기 때문에 부담 없는 메일로' 라는 사정도 있을 것이다. 그러나 그 이상으로 '중요한 것이니까, 모니터 속의 문자로 만들어 송신하는 형태로 나타내주길 바란다' 라는 의미도 있는 듯하다.

그렇기는 하지만 메일이 젊은이에게 있어서 아무리 신뢰할 수 있는 형태라 하더라도, 아직 그것은 완전하게는 사회적으로 인지된 것이 아니고, 시스템의 빈틈을 노린 범죄 등도 일어 날 여지가 있는 불확실한 미디어인 것에는 변함없다. '메일은 최강의 형태' 로 굳게 믿고 있는 젊은이에게 '아니야, 메일은 가상일 뿐이다'라고 부정적인 부분을 말해도, 아마 전혀 들어 주지 않을 것이다.

『젊은이의 법칙』에서

제2과   우동과 소바

면류는 관동(関東)에서는 메밀국수, 관서(関西)에서는 우동을 좋아하는 경향이 있는 것 같다. 그리고, 이런 기호의 차이에는 저마다의 식문화의 긴 역사가 가로 놓여 있다고 말할 수 있다.

원래 메밀국수는 관서에서 시작되었던 것 같다. 그러나 관동일대부터 신슈(信州), 고슈(甲州) 등 메밀산지가 근처에 많았기 때문에, 관서보다도 관동에서 메밀이 발달하게 되었다고 생각된다.

또 관서에 비해 농업생산성이 낮았던 관동에서는 쌀보다 악조건에서도 자라는 메밀이 저렴해서 쌀은 엄두도 못 내는 서민도 먹을 수 있었다는 사정도 있었던 것 같다.

어찌됐든, 도시로서의 에도(江戸)의 발전과 함께 메밀 문화는 완성되어 간다.

특히 크게 영향을 끼친 것은 진한 간장 맛이 나는 '쓰유' 와의 만남이다. 라쿠고(落語)에서 메밀국수를 좋아하는 사람이 임종할 때 "한 번이라도 좋으니, 듬뿍 쓰유를 찍어서 먹고 싶었다" 라고 하듯 쓰유에 살짝 메밀국수를 찍어 먹는 것이 에도의 메밀국수를 먹는 방법이 되었다.

그런데 왜 그런 쓰유와 같이 먹는 방법이 일반화 되었을까?

이유는 몇 가지 생각할 수 있다. 첫째는 시모사(현재 치바(千葉)현)의 노다에서 간장양조업이 성행했다는 점이다.

둘째는 에도막부가 건설되었을 무렵의 에도는 관서에 비해 시골이어서 무사들이라고는 하지만 평소에는 농업에 힘쓰고 있었던 것처럼 육체노동자가 많았던 점. 힘든 육체노동을 하는 사람들은 많은 염분을 필요로 하기 때문에, 진한 맛의 쓰유가 만들어졌다.

셋째는 당시 에도에는 여성인구가 적었던 점. 무사가옥은 남자 사회. 요리도 손 쉬운 것이 되기 쉽다.

한편, 관서의 우동은 도시적인 세련됨의 결과라고 말 할 수 있을 것 같다. 우선 관동에 비해 원료인 밀가루가 풍부했던 점, 그리고 근처의 세토(瀬戸)해 등에서 운반되어 온 선도가 높은 가다랭이포와 해운이 발달하여 에조치(북해도:北海道)에서 직접 갖고 올 수 있게 된 다시마를 사용한 육수 기술의 발달이 우동문화를 발전시켰다.

『「관동」과 「관서」이렇게 다른 사전』에서

제3과　선물

　요즘 젊은이는 사소한 선물을 좋아한다. 이 일이 세상에 클로즈업 되기 시작했을 때 자주 이런 분석이 잡지 등에 실렸다. "요즘 아이와 젊은 부모는 고도성장기를 통해 풍족한 생활이 그런대로 몸에 배어 있다. 그래서 자기 아이들에게도 실용성뿐 아니라 '센스가 좋은 것'을 주어 왔다. 그래서 친구들끼리도 특별한 이유가 없어도 사소한 선물을 서로 준다."

　확실히 어른들이 서로 보내는 선물에는 츄겐(中元)이나 세보(歲暮)부터 뇌물까지, '이렇게 감사하고 있어요' '편의를 잘 봐 주세요' 와 같이, 분명한 메시지나 목적이 담겨 있는 경우가 많다. 그에 비해 젊은이가 '자, 이거' 라며 갑자기 내미는 선물에는 의미나 동기를 보기 어려운 경우도 많다. 스티커 사진이나 스티커의 경우는 '받았으니까 주었다' 는 교환하는 것 자체가 목적이 된 경우 조차 있다.

　즉 젊은이에게 선물은 커뮤니케이션 같은 것이어서 사실 확실한 메시지는 전달되지 않는다. 단지 상대에 대해서도 '좋은 사람이네'와 같은 막연한 호의적 감정이 생겨난다. 젊은이가 빈번하게 서로 주는 일상의 사소한 선물이란 그러한 '왠지 좋은 분위기'를 증식시키기 위한 것이라고 생각한다.

　그들에게 사소한 선물을 받았을 경우는 '그 진심은?' 이라고 깊이 생각하지 말고 선뜻 받아 어떤 기회가 생기면 또 사소한 선물을 주면 좋을 것이다. 그러나 어른에게는 '어떤 의미도 담지 않고 선물을 보내는 것'은 지극히 어렵다. 그렇다면 섣불리 '이거 별 거 아니지만' 이라며 깊이 생각한 선물을 돌려줘서 경계 당하는 것 보다는 '아! 고마워'라는 말과 미소만으로 끝내 두는 것이 더 안전할 지도 모른다.

『젊은이의 법칙』에서

제4과   인사

　일본인 사이에는 '화(和)'라는 정신, 이것이 제일 중요시 여겨야 하는 것이라는 가르침이 있다. 알고 있는 바와 같이 성덕태자라는 사람이 옛날에 17조 헌법이라는 것을 만들었다. 그 제1조에는 뭐라고 쓰여 있는가? '화합하는 것을 소중하게 여긴다.' 다른 사람과 잘 지낼 것. 같은 의견을 가질 것. 이것이 제일 필요하다는 것이 일본인의 생각의 근저에 있다.

　외국인이 일본에 와서 일본인의 대화를 들으면 제일 귀에 맴도는 것이 '네(ね)'라는 말이라고 한다. '오늘은 꽤 많은 사람들이 왔네요'라던가 '오늘은 날씨가 좋았네요'라던가 여러모로 '네(ね)'를 붙인다. 그 '네(ね)'는 무슨 뜻입니까? 라는 질문을 받은 적이 있다. 일본인은 안다. '오늘은 많은 사람이 왔다고 생각하고 있습니다. 당신도 같은 생각이시지요?' 즉 '당신과 같은 마음입니다'라는 것을 여러 번 되풀이 함으로써 상대에 대한 가벼운 존경의 마음을 나타낸다. 그래서 인사라는 것이 매우 중요한 것이다.

　미국인이 일본에 오면 일본인의 인사는 성가셔 죽겠다고 생각하는 것 같다. 예를 들면 뜻밖의 장소에서 아는 사람과 우연히 마주친다. '어디 외출하시나요?'라고 묻는다. 미국인은 성가시다고 느낀다. '어디에 가든 내 자유다. 내 비밀을 캐내려고 하고 있는 것일까?'. 일본인은 조금도 그럴 생각이 아니다. '이런 곳에서 만날 거라고는 생각하지도 못한 일이다. 당신의 신변에 무슨 힘든 일이 생긴 것은 아닐까? 만약 그렇다면 같이 걱정해 드릴게요'라는 이런 마음으로 묻는 것이다. 그러니까 대답하는 쪽도 정직하게 '지금 좀 돈이 없어서 은행에 돈을 빌리러 가려고 합니다' 라고까지 말 할 필요는 없다. 상대에게 걱정할 필요 없다는 것을 전하면 된다. 그럼 뭐라고 말할까? '잠깐 저기까지'. 이것으로 끝이다.

『진짜 일본어를 말하고 있습니까?』에서

제5과   설날

　신년을 맞이할 때는 제야의 종소리를 듣고 우리 집 절인 롯카쿠도(六角堂)에 참배하러 갑니다. 첫 참배는 한 집안의 가장이 섣달 그믐날 밤부터 설날 아침에 걸쳐 절과 신사에 묵으면서 기도하는 풍습에서 시작되었다고 해서 우리 집에서도 얼마 전까지는 여자는 참배에 참석하지 않게 되어 있었습니다. 그러나 풍습도 시대에 따라 바뀝니다.

　설날 아침은 가족전원이 '새해 복 많이 받으세요'라며 약주로 축하하고 설날 음식과 떡국을 먹습니다. 떡국에 넣는 떡은 교토에서는 둥근 떡이고 도쿄에서는 사각모양의 절편이다. 옛날에는 어느 지방이나 가가미모치를 상징하는 작고 둥근 떡이었다고 합니다만, 둥근 떡은 금이 쉽게 가기 때문에 막대로 펴서 공기를 빼면서 오래갈 수 있는 긴 떡이 만들어 졌다고 합니다.

　설 요리는 원래는 신에게 바치는 공물이다. '신을 맞이하니까 소리를 내거나 조리하거나 하는 것을 삼갑시다'라는 의미로 연말에 준비했습니다. 조림을 만들고 있으면 딸들이 와서 가르쳐달라며 부엌이 북적거렸던 것도 옛일이다. 딸들이 결혼하기도 하고 해외에서 설을 보내기도 해서 5단 찬합이 3단이 되고 서서히 우리 집 설 음식은 축소경향에 있습니다.

　검은 콩은 성실하게 살 수 있도록. 청어 알은 자손번영. 멸치조림은 풍작. 다시마는 기쁨. 길흉을 따진 설 음식을 먹으면서 매년 설날에 떠올리는 것은 아주 어렸을 때 아버지에게 들은 말이다. '설날에 화를 내면 일년 내내 화를 낸단다. 설날에 울면 일년 내내 운단다.'

　지금도 좋은 말이라고 생각합니다. 틀림없이 일년의 계획은 설날에 있다. 일년을 건강하게 보낼 수 있도록 젓가락이나 밥그릇, 시트나 잠옷을 새 것으로 바꿔 본다. 혹은 세탁한 청결한 의류를 걸친다. 그리고 설날만은 웃는 얼굴로 지내고 싶습니다.

『아름다운 일본의 관습』에서

제6과　　미소

　선천적으로 미소가 적었던 내가 웃음을 많이 짓기 시작한 것은 정말로 부끄러운 계기에서 였습니다. 20대에 들어서 미국인과 함께 일하게 된 어느 날 한 남자직원에게 '와타나베 씨는 웃는 얼굴이 멋져요'라는 말을 듣고 나서부터입니다. 칭찬한다는 것은 중요한 일입니다.

　웃는 얼굴로 살아 간다는 것에 조금 더 자신다운 의미를 부여하게 된 것은 30대가 되고 난 후의 '미소' 라는 시와의 만남이었습니다. '돈을 지불할 필요가 없는 저렴한 것이지만 상대방에게 있어서는 상당한 가치를 지니는 것이다' 라는 말로 시작되는 시는 다음과 같이 마무리되어 있었습니다.

만약 당신이 누군가에게 기대한
미소를 얻을 수 없다면
불쾌해 하는 대신에
당신부터 웃어보세요
미소를 잊은 사람일수록
그것을 필요로 하는 사람은 없으니까요

　이 시와의 만남은 나의 웃는 얼굴의 질을 바꾸었습니다. 매력포인트로서의 웃음에서 타인에 대한 배려로서의 웃음, 그리고 나아가서는 자기자신의 마음과의 싸움으로서의 웃음으로 전환하는 시작이 된 것입니다.

　그리고 이 전환은 나에게 두 가지의 발견을 가져다 주었습니다.

　그 하나는 일이 잘 풀리지 않을 때 웃는 얼굴로 있으면 신기하게 문제가 해결되는 경우가 있다는 것입니다. 시어머니와 사이가 좋지 않은 졸업생이 '수녀님, 정말이네요. 주의를 받았을 때 웃는 얼굴로 "고맙습니다"라고 말하도록 하고 나서부터 시어머니와의 사이가 매우 좋아졌어요' 라고 보고해 주었습니다.

　또 한 가지의 발견은 자기자신과의 싸움 끝에 몸에 밴 미소에는 타인의 마음을 치유하는 힘이 있다는 것입니다.

　언짢은 얼굴은 엄연한 환경오염이라는 것을 잊지 맙시다. 우리는 때때로 얼굴에서, 입에서, 태도에서 다이옥신을 배출하고 있지는 않을까요? 이것들은 대기를 오염시키고 환경을 더럽혀 사람의 마음을 좀먹는 것입니다. 웃는 얼굴로 산다는 것은 훌륭한 환경보호입니다.

『지금 있는 장소에서 꽃을 피우세요』에서

제7과 애니메이션

'벼랑 위의 포뇨'는 '이웃집 토토로'와 '센과 치히로의 행방불명' 등 많은 히트작품을 내놓은 미야자키하야오(宮崎駿)감독에 의한 4년만의 만화영화이다. 2008년 7월에 개봉되어 관객동원 수는 1200만 명을 넘고 흥행수입 약 150억 엔으로 2008년 최대의 히트작이 되었다.

아기 물고기 포뇨가 자신을 구해 준 다섯 살짜리 남자아이 소스케(宗介)를 좋아하게 된다. 자신에게 숨겨진 힘과 아버지의 마법을 풀고 포뇨는 인간이 되지만 큰 해일(쓰나미)을 일으켜 마을은 바다에 휩쓸리고 만다.

미야자키 감독이 '인어공주' 를 대담하게 번안하여 생명력 넘치는 아이들을 위한 판타지로 완성하였다. '그림을 움직인다' 라는 애니메이션 본래의 매력을 철저히 추구하였다. 이에 의해 만들어진 거친 파도 위를 달리는 포뇨, 파도를 가로지르는 소스케 엄마의 차, 생물로 넘쳐나는 바다 등 압도적인 영상이 관객을 매료하였다.

엔딩에 흐르는 주제가도 심플한 가사와 친숙해지기 쉬운 멜로디로 히트하였다. 영화 마지막에 객석의 아이들이 함께 부르는 광경도 볼 수 있었다.

2008년 8월 말부터 열린 베니스국제영화제의 경쟁부문에 정식 출품되어 미야자키감독은 공식상영에 모인 관객들로부터 5분간에 걸쳐 기립 박수를 받았다. 상은 놓쳤지만 같이 경쟁부문에 참가한 '스카이크롤러'와 함께 일본 애니메이션의 존재감을 세계에 나타냈다.

남녀노소에게 사랑을 받는 작품을 세상에 내놓아 일제히 흥행수입 100억 엔을 넘는 메가 히트를 한 미야자키 감독은 '국민작가'의 이름에 걸맞다. 1941년생으로 최근의 제작 속도로 미루어 볼 때 차기 작품은 70세쯤이 될 듯 하지만 '이웃집 토토로' '센과 치히로의 행방불명' '하울의 움직이는 성' 그리고 '벼랑 위의 포뇨'까지 만들어내는 영상은 오히려 젊어지고 있어 관객과 영화계의 기대는 크다.

『아사히키워드』에서

제8과　함께 하는 마음

일본문화의 상당히 큰 특징은 고대인들의 놀이라던가 주술 등 그러한 행사가 현재 사람들의 문학, 예술과의 관계에도 매우 깊은 연관성을 갖고 있는 것이라고 생각합니다.

즉 예를 들면 일본에는 특히 단가라던가 하이쿠라 불리는 상당히 짧은 시형이 있습니다. 다만 이 짧은 시형을 공부하려 하는 사람들은 매우 많은 사람들이 모여 결사라는 것을 만들고 그리고 그 결사의 가장 위에는 선생님(지도자)이 있습니다. 그리고 그 선생님이 사람들이 만들어오는 작품을 줄이거나 덧붙이는(첨삭) 것이 결사라는 것의 보통 형태가 되어 있습니다.

또한 이것이 조금 더 일상생활 속으로 확산되면 꽃꽂이나 다도의 경우에는 지금 언급한 형식은 당연한 것이 되고 회원 간에는 상당히 많은 등급체계가 있어 그 정점에 꽃꽂이나 다도의 지도자들이 있는 형식이 되어 있습니다.

이것은 예를 들면 일본인은 설날에 햐쿠닌잇슈라는 놀이를 하는데 그러한 햐쿠닌잇슈로 놀 때도 나타납니다. 그러한 의미에서는 생활 속에 예술이 융화되어있다는 것입니다.

일본인의 생활에서는 그러한 의미에서 고대부터 전해져 내려온 함께 하는 마음의 흐름이 일상생활 속에서 시를 일상적으로 즐기면서 향유한다는 것도 되고 또한 다도나 꽃꽂이와 같은 소위 일상생활의 예술세계 속에도 함께 하는 마음의 전통이 생생하게 흐르고 있다.

일본인의 생활양식 속에 그러한 정신의 움직임이 있다는 것은 일본문화에 대해서 생각할 경우에는 간과할 수 없는 하나의 요소가 아닐까 나는 생각합니다.

『일본의 마음』에서

제9과　우치와 소토

　옛날 사람들은 내부인(우치)에게는 친근감 있는 스스럼없는 말투를 사용하고, 외부인(소토)에게는 경어를 쓰며 타인(요소)은 '남'이기 때문에 의사소통을 하지 않고 무시하였다. 같은 전차에 탄 승객은 아무런 문제가 일어나지 않으면 물체로서 무시할 수 있는 남이지만 말을 하거나 불만을 말하는 관계가 생긴 시점에서 외부인(소토)이 된다.

　오늘날의 일본인의 언어예절 부족은 내부인(우치), 외부인(소토), 타인(요소)인식에 혼란이 생긴 것이 원인으로 생각된다. 타인(요소)이 외부인(소토)이 되었는데 태도나 말은 여전히 타인(요소) 취급인 것이다. 이것이 해야 할 말을 하지 못하는 이유이다.

　일본인은 유사이래 상하관계 속에서 살아왔다. 그 가운데 윗사람에게는 경어를 사용하고 아랫사람에게는 사용하지 않는다는 원칙 속에서 의사소통을 하고, 인간관계를 잘 구축해 왔다. 현대 일본인은 평등의식이 매우 높기 때문에 어느 정도 사귀어 친해지면 상하관계가 자동적으로 소멸하고 마침내 경어에서도 경의가 사라져버리는 경우가 종종 있다. 반대로 상대방을 윗사람으로 취급한다는 것은 스스로 멀리하는 것이기 때문에 친한 상대에게는 오히려 서먹서먹하게 받아들여지기도 한다.

　양호한 인간관계는 얼마나 많은 외부인(소토)을 갖는가에 달려있다. 속내를 아는 친구가 조금밖에 없는 것은 당연한 일이어서 단순히 친구가 많고 적음으로 인간관계의 좋고 나쁨을 판단하는 일 따위는 불가능하다. 그러므로 양호한 인간관계를 구축하기 위해서는 우선 자신의 불안감을 극복하는 것, 주변을 자기편으로 만들어놓지 않아도 괜찮을 만큼의 확고한 자아를 확립하는 것이 필요하다. 그렇게 하면 적은 수의 내부인(우치) 이외의 사람은 소중한 외부인(소토)으로서 정중하게 취급해야 한다는 마음이 들 것이다.

『경어로 푸는 평등·불평등』에서

제10과　문학과 돈

　현대사회 속에서 돈 문제로 고민하지 않는 사람은 아마도 없다고 생각합니다. 가정 내 문제, 인간관계 문제, 일 문제, 범죄에 이르기까지 심각한 문제에는 반드시라고 해도 좋을 정도로 돈 문제가 얽혀 있습니다.

　문제의 근원이 될 뿐만 아니라 문제해결의 구세주가 되는 것 또한 돈이기도 합니다. 말하자면 '기껏해야 돈, 그래도 돈'으로 인간이 살아가는 가운데 반드시 따라다니는 것이 '돈'입니다.

　이처럼 누구에게나 결코 무관하다고 할 수 없는데도 세상에는 '대놓고 돈 얘기를 하는 것은 품위 없다'라는 분위기가 있는 것은 부정할 수 없습니다. 그 탓인지 경제소설 이외의 일본문학, 특히 순수문학 속에서 돈이 중요한 모티브가 된 작품은 그렇게 많지는 않습니다. 혹은 '돈은 소설의 소재가 되기 어렵다'라는 생각이 있는 것일까요?

　하지만 나쓰메소세키(夏目漱石)의 경우에는 돈이 많은 소설의 키워드가 되어 있어 그 점이 다른 작가와 다른 점입니다. 그리고 등장인물 속에 반드시 라고 해도 좋을 정도로 '역겨운 속물 자산가' 가 등장하는 것이 나쓰메소세키 문학의 특징이라고 할 수 있습니다.

　그러나 이것이야말로 나쓰메소세키의 시대를 읽는 비평안이기도 합니다. 19세기 말부터 20세기 초반에 걸쳐 자본주의는 질적으로 변용하여 일본뿐 아니라 전세계에서 노골적으로 본성을 드러내고 있었습니다. 나쓰메소세키는 그 양상에 주목한 것입니다.

　나쓰메소세키는 자본주의가 이 정도로 변질하기 훨씬 이전의 시대에 살았지만 그래도 돈이 지니는 '위험성'을 감지하고 있어 심각하게 보았다고 생각합니다.

　돈을 창출하기만을 위한 자본주의의 문제점은 돈의 모험자들 뿐 아니라 '돈에 관련되어 살고 있는 많은 사람'의 인간성을 왜곡시켜버릴 가능성이 있는 것입니다. 그렇기 때문에 나쓰메소세키는 끈질길 정도로 '돈을 둘러싼 인간의 모습'을 쓴 것이 아닐까요?

『고민하는 힘』에서

참고서적

제01과　**メール**

香山リカ(2002), 『若者の法則』, 岩波新書

제02과　**うどんとそば**

日本博学倶楽部(2012), 『「関東」と「関西」こんなに違う事典』, PHP文庫

제03과　**おくりもの**

香山リカ(2002), 『若者の法則』, 岩波新書

제04과　**わとあいさつ**

金田一春彦(2001), 『ホンモノの日本語を話していますか？』, 角川書店

제05과　**おしょうがつ**

池田保子(2012), 『美しい日本のしきたり』, 角川マガジンズ

제06과　**ほほえみ**

渡辺和子(2012), 『置かれた場所で咲きなさい』, 幻冬舎

제07과　**アニメ**

朝日新聞出版編(2009), 『朝日キーワード2009－10』, 朝日新聞出版

제08과　**よりあうココロ**

大岡信(1985), 『日本のこころ』, 講談社

제09과　**ウチとソト**

浅田秀子(2001), 『敬語で解く日本の平等・不平等』, 講談社

제10과　**ぶんがくとカネ**

姜尚中(2012), 『悩む力』, 集英社

유 경 자

상명대학교 일본어교육학과를 졸업하고 한국외국어대학교 대학원 일어일문학과에서 석사과정을 수료하였다. 일본 츠쿠바(筑波)대학대학원에서 일본어교육학 석박사 학위를 취득하였다. 현재는 상명대학교 일본어문학과 교수로 재직 중이다.

안 지 연

상명대학교 일어일문학과를 졸업하고 동대학교 대학원 일어일문학과에서 석사과정을 마쳤다. 일본 노트담청심여자대학교대학원에서 일본문학박사 학위를 취득했다. 현재 상명대학교와 서울과학기술대학교 어학교육원 일본어 강의담당 교수이다.

추 현 휴

상명대학교 일어일문학과를 졸업하고 일본 도쿄외어전문학교 일한통역과를 졸업하였다. 이후 서울외국어대학원대학교 통역번역대학원에서 국제회의통역학 석사 학위를 취득하였다. 현재 상명대학교와 서울외대 평생교육원에서 강의를 하며 국제회의 전문 통번역사로 활동 중이다.

스마트 일본어 독해

초판인쇄   2015년 02월 10일
초판발행   2015년 02월 17일

저 자   유경자 · 안지연 · 추현휴
발 행 인   윤석현
발 행 처   제이앤씨
책임편집   최인노 · 김선은 · 최현아
등록번호   제7-220호

우편주소   ㉾ 132-881 서운시 두봉구 우이천로 353 / 3F
대표전화   02) 992 / 3253
전 송   02) 991 / 1285
홈페이지   http://www.jncbms.co.kr
전자우편   jncbook@hanmail.net

ISBN 978-89-5668-320-1   13730   정가 10,000원